迫害された宗教的マイノリティの歴史

隠れユダヤ教徒と隠れキリシタン

九州ルーテル学院大学名誉教授
濱田信夫
HAMADA NOBUO

芙蓉書房出版

迫害された宗教的マイノリティの歴史
――隠れユダヤ教徒と隠れキリシタン――

目次

第1部　反ユダヤ主義と隠れユダヤ教徒
―「マラーノ」の発生から四散に至る変容過程―

第3部　二つの「隠れ」信徒集団の固有性と共通性
―隠れユダヤ教徒、隠れキリシタンの比較を通して―

＊序章　なぜ、東西二つの「隠れ」信徒集団なのか

一　偽装された信仰

1 「隠れ」信徒集団とはいかなる存在なのか

本書は、スペイン・ポルトガルおよび日本の近世封建国家の形成とその宗教政策の様相、その過程で生み出された隠れユダヤ教徒（crypto-Judaism）、隠れキリシタン（Crypto-Christian, Kakure Kirihitan）発生の歴史の輪郭をトレースし、この東西二つの「隠れ」信徒集団の固有性（差異性・異質性）と共通性（類似性・同質性）を探ったものである。

隠れユダヤ教徒とは何か。

隠れユダヤ教徒とは、中世のイベリア半島のスペイン王国、ポルトガル王国で、ユダヤ教か

らキリスト教に強制改宗させられたユダヤ人のことであり、新キリスト教徒（ヌエボ・クリスティアノス、Nevo Christianos）、改宗ユダヤ教徒（コンベルソ、Converso）とよばれた。

このキリスト教に強制改宗されたユダヤ人は迫害され、追放後も両国の支配する地域でカトリック信仰を捨て、密かにユダヤ教を奉じていた。偽装改宗者はマラーノ、フダイサンテとよばれた。「マラーノ」は古いカスティーリャ語の［marrano］（豚）に由来するとも、あるいはアラビア語の［mahran］（禁じられた）に由来するといわれている（アタリ　２００９：60頁ほか）。フダイサンテ（judaizante）はユダヤ教徒の宗教儀礼を遵守する者を指す（関　２００３：61頁）。

時の国王により、死か洗礼かの二者択一を迫られた改宗ユダヤ教徒は、先祖の宗教（ユダヤ教）を棄てることを潔しとせず、また、生き残るために洗礼を選んだのである。彼らの多くは、何世代にもわたって、異端審問所への密告に怯えながら、密かに隠れユダヤ教徒の生活を続けていた（小岸　１９９９：18～19頁）。

ここでいう異端審問（inquisition）とは、十五世紀、スペイン国王の監督の下にカトリック教会が異端追及と処罰のために設立した法廷のことである。異端審問を行う施設を異端審問所と呼ぶ。

隠れユダヤ教徒「マラーノ」について、『死か洗礼か―異端審問時代におけるスペイン・ポルトガルからのユダヤ人追放―』の著者、フリッツ・ハイマンは次のように定義する。

（マラーノは）一三九一年から一四九七年に至るまでの歳月にキリスト教への改宗を強制された、あのスペインおよびポルトガルのユダヤ人の子孫のことである。彼らは少なくとも一世紀の間、たいていはそれよりずっと長期にわたりキリスト教徒として生活し、一部は、比較的少数ではあるが、その後の数百年の間にユダヤ教に復帰した（ハイマン　２０１３：14頁）。

また、作家マルコス・アギニスは、マラーノの特徴を次のように述べている（『マラーノの武勲』２００９年、作品社、５２９頁）。

・キリスト教に改宗したにもかかわらず前の信仰を秘密に維持していたユダヤ教徒・イスラーム教徒を侮蔑的に形容した言葉で、乳離れしたばかりの若い豚の意で、不潔さや強欲者を彷彿させる。
・当初は破門者を指すのに使用されていたが、十三世紀以降、強制的に改宗させられたユダヤ人やユダヤの慣習を保持しているとの嫌疑をかけられた者たちに向けられるようになり、以後、あらゆるユダヤ人、とくに新キリスト教徒を指す侮蔑語となった。
・ユダヤ人またはモーロ人の血を引いていなければ、たとえ劣悪な犯罪者や罪人であっても純潔な人間、卑しい血を引いていればそれだけで汚れたみじめな人間、とりわけマラーノと見なされた。
・スペイン王国全土に根づいたこの言葉は、のちにルシタニア（現在のポルトガルおよびスペ

イン の一部の）の地でも浸透した。

このように、呪われた者、豚野郎、永劫の罪を受けた者たちとの烙印を押されたマラーノとは、うわべだけキリスト教徒になっていたに過ぎず、心のなかで、そして家庭内では相変わらずユダヤ教徒である改宗者であった。その意味で、マラーノは、「面従腹背の隠れユダヤ教徒」であり、キリスト教への「表向きの同調と内的な反抗に引き裂かれたユダヤ人改宗者」であった（小岸 1992：11頁）。

一方、日本に目を転じるとき、スペイン・ポルトガルのユダヤ教徒が反ユダヤ暴動、強制改宗、あるいは殉教・虐殺、海外への拡散という複雑かつ多様な人生を歩んでいたのと同時期に、キリシタンが武家統一政権下で激しい弾圧に見舞われ、殉教・改宗・潜伏を余儀なくされていた。

キリシタンは、十六世紀にヨーロッパから伝えられたキリスト教の呼称で、Christão というポルトガル語に由来する。漢字では幾利紫丹、貴理志端、切利支丹（吉利支丹は、一六八〇年、五代将軍徳川綱吉の諱を憚って使用禁止となった）などの語が当てられ、のちには、その教義、信徒、教会の総称としても用いられた。

彼らキリシタンは、強制改宗下で仏教を信仰していると見せかけ、キリスト教（カトリック）を偽装棄教した。

2　二つの宗教的マイノリティ

隠れユダヤ教徒「マラーノ」は偽装キリスト教徒であり、隠れキリシタンは偽装仏教徒であった。前者はスペイン、ポルトガルというキリスト教国家やカトリック教会の政治的・宗教的権力に迫害されたユダヤ教徒、後者は日本の武家統一政権の確立以降において迫害されたキリシタンという、二つの宗教的マイノリティであった。

このように、宗教的マイノリティとしての隠れユダヤ教徒、隠れキリシタンは、統一国家の形成過程で迫害され、故郷を追われたり、潜伏しながら、その大部分は地を這うように生きてきた人々であった。彼らは諸宗教、前者にあってはユダヤ教とキリスト教、後者にあっては仏教・神道など多神教の「境界」に生きた改宗者・再改宗者・信仰秘匿者であった（関・踊 2016：5頁）。

そこでは、およそ考えられる限りのあらゆる手段、死や火炙りや拷問というきわめて残虐な手段がとられた。さらに隠れユダヤ教徒の場合は財産没収と国外追放という手段で迫害され、隠れキリシタンの場合は弾圧下で神仏信仰や古来の習俗を取り入れて表面的には偽装された信仰を行わざるを得なかった。

そこにおける迫害の発想・考え方の基盤をなしたのが、キリスト教国における反ユダヤ主義（アンティ・セミティズム、antisemitism）、日本の統一政権における日本神国主義・反キリスト教思想であった。

二　本書の構成

本書は三部構成になっている。第1部、第2部は、宗教と権力／暴力がどのように絡み合っていたかについて、スペイン・ポルトガルおよび日本の近世封建国家の形成とその宗教政策の様相を探り、その過程で生み出された隠れユダヤ教徒、隠れキリシタン発生の歴史の輪郭をトレースする。第3部は、この東西二つの「隠れ」信徒集団の比較を通して、固有性（異質性）と共通性（同質性）を探る。

1　隠れユダヤ教徒、隠れキリシタンの誕生とその後の推移・展開

隠れユダヤ教徒「マラーノ」、日本の隠れキリシタンはどのように誕生し、その後、どのようなプロセスを辿ったのか。

それぞれを以下のように時期区分して見ていきたい。

《隠れユダヤ教徒「マラーノ」》

・反ユダヤ主義の萌芽とその暴発（十字軍遠征、ペスト発生時における反ユダヤ・プロパガンダ）
・ゲットーの時代、反ユダヤ主義者によるユダヤ人の大虐殺（一三九一年）
・スペイン異端審問所の開設、ユダヤ教徒追放令（一四九二年）、残留ユダヤ人の集団改宗
・ポルトガル・マラーノの誕生（一四九七年）

・マラーノの四散
・ルター、カルヴァンの宗教改革とローマ・カトリック教会の反宗教改革運動
・近代国民国家におけるユダヤ人解放
《隠れキリシタン》
・反宗教改革運動の一環としてのイエズス会による東方布教
・キリスト教伝来と布教公認（開教・発展期）
・布教黙認からキリシタン禁制開始（黙認・規制期）
・島原天草一揆の勃発、鎖国令の実施
・キリスト教禁教の徹底（禁教・弾圧期）
・キリシタン迫害と潜伏、そして崩れ（潜伏・崩れ期）

あわせて本書では、キリスト教伝来からキリシタン禁制に至る歴史と隠れキリシタンの発生、その後の「崩れ」等についての地域的展開の事例として、熊本・天草を取り上げる。

2　二つの「隠れ」信徒集団をめぐる固有性と共通性

そして第3部では、本書の締めくくりとして、「隠れ」信徒集団の歴史的経過という縦軸のなかで、それぞれの「隠れ」信徒集団の固有性と共通性を中心に検討を試みる。

隠れユダヤ教徒と隠れキリシタンは、「隠れ」（cripto）という修飾語が付されていながら、

基本的には、その歴史的経緯や地域性、そして行動様式や信仰生活の実態においてそれぞれの固有性を有する一方で、多くの共通性を有すると考えられる。

比較宗教学者J・Z・スミスは、比較における類似と差異は所与のものではなく、固有性も共通性も研究者の選択と仮説に依っていると述べている（東馬場 2008：82頁）。その意味で、本書も筆者独自の選択と仮説に基づくという制約を有していることは言うまでもない。

具体的には、以下のような論点を設定して検討を行う。

（「隠れ」信徒集団をめぐる社会構造的側面を中心に）

・隠れユダヤ教徒と隠れキリシタンの社会階層・地位

・宗教的マイノリティ性

・面従腹背と二重規範

（「隠れ」信徒集団をめぐる「隠れ」の構造的側面を中心に）

・地下的・非合法的な信仰生活

・信徒集団組織

・シンクレティズム（宗教混淆）

（「隠れ」信徒集団をめぐる政治構造的側面を中心に）

・統一国家の形成と宗教政策

・「一国家・一民族・一宗教」という統治思想

・強制改宗と監視・摘発のための諸制度

・宗教と暴力――「人間狩り」「異教徒狩り」――

西欧における反ユダヤ主義の歴史、そして日本における支配者の反キリスト教政策の実相を描こうとすること、それは迫害の歴史を書くことに等しい。本書における分析および記述に当たって留意したこと、それはいわゆる「迫害史観」「悲哀史観」に基づく「悲劇の歴史」という枠組みの排除であった。

それは、この隠れユダヤ教徒・隠れキリシタンの歴史＝悲劇の歴史という構造を越えて、①スペイン・ポルトガル王国、日本の統一政権という支配権力、②主権国家が政治的・宗教的ヘゲモニー（覇権）を維持・拡大するうえでの対抗宗教勢力となった信徒集団、という二つの主体間のパワーの相克あるいは衝突（コンフリクト）、すなわち、宗教に関わるポリティクスとして捉える見方である。

言い換えれば、キリスト教国家と隠れユダヤ教徒、「神国」日本の政治権力と隠れキリシタン双方の力の体系・価値の体系が絡み合った緊張・対立として捉える視点である。

『「ユダヤ」の世界史』の著者、臼杵陽はハワード・N・ルポヴィッチやノーマン・F・キャンターなどのユダヤ史研究家を取り上げ、歴史記述における「悲劇の歴史」観を排除する必要性を指摘する（臼杵　２０２０：43～47頁）。

この点は、当然のことながら、隠れキリシタン研究においても同様である。

たとえば、『カクレキリシタンの信仰世界』などの著者、宮崎賢太郎が「過去の悲劇的な出来事を〔弾圧に耐えて信仰を貫いた麗しいストーリー〕として描くことではない」（宮崎　２０１８：28～29頁）と言及しているなど、隠れキリシタン（カクレキリシタン）史研究においても、「迫害史観」「悲哀史観」の排除は目新しいものではないことを断っておきたい。

なお、隠れキリシタン研究において、禁教下（江戸時代）の隠れキリシタン（潜伏キリシタン）と禁教解除後（明治時代以降）の「隠れキリシタン」（カクレキリシタン、かくれキリシタン）と区別した使い分けが定着しつつある。本書が対象とするのは、前者の通常「潜伏キリシタン」と呼ばれる信徒集団であるが、本書では隠れキリシタンという呼称を使用する。

第1部

反ユダヤ主義と隠れユダヤ教徒

―「マラーノ」の発生から四散に至る変容過程―

＊第1章

反ユダヤ主義の構図

一　「キリスト殺し」の烙印を押されたユダヤ人

1　ヨーロッパにおける一神教

ヨーロッパ世界には、三つの一神教（monotheism）があった。古代イスラエル民族のヤハエ（唯一絶対神の呼称、英語 Yahweh）信仰の伝統からユダヤ教が生まれ、後の時代にキリスト教とイスラーム教が派生した。

ユダヤ教という「母」からその二人「娘」に相当する宗教、つまりイスラームとキリスト教徒が生まれたのである（ポリアコフ　2005a：4頁）。

このようにして、「母たる宗教」と「娘たる宗教」という三つの一神教が東地中海ないしその周辺に成立した。この三つの一神教において、始原の人類はアダムとされ、神との契約を交わしたアブラハムが共通の祖先とされている。ユダヤ教最大の預言者モーセ、それにイエス、イスラーム教最大の預言者ムハンマドが、この三つの一神教をつないでいる。

『旧約聖書』の「創世記」「出エジプト記」「レビ記」「民数記」「申命記」を指す『トーラー（モーセ五書）』を根幹に据えたユダヤ教、ユダヤ教の改革派として成立したキリスト教、そしてユダヤ教とキリスト教の影響を受けたイスラーム教があったのである。このように、キリスト教にとってユダヤ教は異教であるにしても、キリスト教がユダヤ教を母体としていることから、両者の関係は複雑かつ微妙なものとなったのである。そしてこの二つの宗教はさまざまな対立を内包しながら、軋轢《あつれき》を生み出していった。

2　神なのか神の子なのか

ユダヤ教とキリスト教の軋轢を生み出した要因とは何か。

二つの宗教の教義上の根本的な違い・対立点として、関哲行は、①神の顕現（受肉）、三位一体説、②原罪、メシア（救世主、Messiah）観、

イエスの十字架上での死。イエスを殺害したのはユダヤ人だという観念からユダヤ人に対する集団的・組織的迫害が生まれた（写真は長崎・大浦天主堂ステンドグラス）

③聖典、④年中行事・食物戒律（カシュルート）を挙げている（関 2003：6〜7頁）。以下は関の論考を要約したものである。

キリスト教では神のイエスへの顕現と父（父なる神）・子（子なるイエス・キリスト）・聖霊の三位一体説は基本教義であったのに対し、ユダヤ教は神は不可視であるとしてこれを否定した。また、キリスト教では人類の原罪からの救済はメシアの犠牲なしには不可能とされるが、ユダヤ教では個人は直接神と向き合い、それぞれの努力によって救済されると考える。ここで言うメシアとは「油を注がれた者」の意で、ユダヤ民族を解放する者として約束され待望された「救世主」を指す。キリスト教ではメシアは神性をおび、イエスとして顕現したとするのに対し、ユダヤ教にあっては、イエスはメシアでも神でもなく異端者なのであり、ユダヤ教のメシア観がキリスト教と相容れることはなかった。かかる両者の関係性の中から反ユダヤ主義が生まれた（同）。

このように、ヨーロッパ社会におけるユダヤ人迫害は初期キリスト教時代まで遡る。同一都市・同一地域に居住しながら、ユダヤ人はキリスト教とは別種の神と教会組織を持ち、安息日、年中行事、食文化を含む日常生活を異にしていたので、ユダヤ人の共同体はキリスト教徒の住むすべての都市で危険にさらされる可能性が生まれたのである。

二　反ユダヤ主義の系譜

１　反ユダヤ主義の萌芽

西暦七〇年、首都エルサレムが陥落してヤハウェ神殿が破壊されたあと、ナザレのユダヤ人・イエスをメシアと信じるユダヤ教ナザレ派の人々が、それを認めないユダヤ教から枝分かれした。キリスト教の誕生である。

西暦一〇〇年当時、いわゆる初期キリスト教時代のユダヤ教徒とキリスト教徒との位置関係について、ノーマン・Ｆ・キャンターは次のように指摘する（キャンター ２００５：２０９頁）。

・次第に数を増すキリスト教徒に対するユダヤ教徒の反応は冷淡に無視をきめこむ者、鼻にもひっかけず侮蔑心を示す者、積極的に非難する者とさまざまだった。

・一方、キリスト教徒たちは寄る辺ない少数集団の人々が抱きがちな悪意と憎しみの念を、支配権をもつ多数派で自己満足的なユダヤ教徒たちに向けて応えた。

・キリスト教徒たちは、彼らが創造していた新約聖書、すなわち、イエス・キリストの生涯と死、および草創期のキリスト教会の歴史の証となるべき書物に、イエスが甦り、人間の歴史が終末を迎えるまでの期間、キリスト教徒がユダヤ教徒に鎮めがたい憎悪の念を抱き続けるように、ユダヤ人に関する悪意のこもる話を挿入した。

その内容は、新約聖書の福音書の中の「ユダヤ人！ キリストを殺害したキリスト教世界の敵、麗しの国ローマ帝国にまき散らされた害虫。角の生えたサタンの手先…」など、ユダヤ人への憎しみがこもる見解がその後も繰り返し唱和されたものであった。それはアウシュヴィッツ、さらにはその後まで、何世紀にもわたり呼び起され、言いふらされてきたのである（同210〜211頁）。

ここには、「母なる宗教と「娘たる宗教」、すなわち、ユダヤ教とキリスト教の間に生じた特殊な緊張関係、すなわち、相反する愛憎、言わばアンビバレントな心情があった。

古代に発生し絶え間なく増殖する反ユダヤ主義の源泉は、「マタイによる福音書」に表れるユダヤ人全体に罪を負わせる考え方と、「ヨハネによる福音書」に見られる「悪魔の子ら」に向けられた非難が一つに結びつき、キリスト教に特有な反ユダヤ主義の中核を形成した点にあった。そしてそれはいつしか根深い憎悪を生み出す源泉となった（ジョンソン 1999a：245〜246頁）。

因みに、『新約聖書』の「ヨハネによる福音書」には、「(ユダヤ人は) 悪魔である父から出た者であって、その父の欲望を満たしたいと思っている。悪魔は初めから人殺しであって、真理に立ってはいない。彼の内には真理がないからだ」という記述がある（ヨハネによる福音書8・39〜44 聖書協会共同訳）。

2　初期キリスト教時代〜中世前期における反ユダヤ主義

このようなユダヤ人を忌み嫌う気風なりイデオロギーが、反ユダヤ主義（アンティ・セミティズム）である。反ユダヤ主義は文字通り、宗教的・経済的・人種的理由からユダヤ人を差別・排斥しようとする思想であり、ユダヤ人およびユダヤ教に対する敵意・憎悪・迫害・偏見を指している。

古代において、エルサレムにはダヴィデ、ソロモンを中心としたユダヤ人の王国があった。王国の分裂後、北のイスラエル王国は崩壊し、南のユダ王国は存続するが、最終的には、バビロン捕囚の憂き目に遭って、ユダヤ人の古代王国は消滅した。このとき、第一神殿を破壊される悲劇を経験し、紀元後はさらに第二神殿がローマ帝国により破壊された。

第一次ユダヤ戦争（六六〜七〇年）におけるユダヤの敗北と神殿の破壊（七〇年）という災厄は神がユダヤの民に下した懲罰と捉えられた（ポリアコフ　２００５ａ：37〜38頁）。

このような挫折とその後の迫害のなかで、ユダヤ人は聖地エルサレムへの立ち入りを禁じられ、ローマ帝国各地に離散していったのである。

ユダヤ人はこのディアスポラ（離散、**Diaspora**）以降、ヨーロッパ・キリスト教世界、イスラーム世界を中心に世界各地に拡散し「亡国の民」となった。そして多くのユダヤ人は地中海沿岸の都市をはじめとするキリスト教スペイン諸国（レオン王国その他の北部スペイン）の主要都市に移り住んだ。

西暦66年。ローマは第一次ユダヤ戦争を開始。エルサレム第二神殿が破壊され、ユダヤは国家としての独立を失う。写真は戦争で勝利したティトゥス（のちのローマ皇帝）の凱旋門のレリーフ

離散の地では、ユダヤ教を信奉するユダヤ人が往々にして罪深き民として差別され迫害された経緯について、レオン・ポリアコフは、離散地のユダヤ教徒たちが古くからの特権を盾として新参の競合者（キリスト教徒）から距離を置こうとしたこと、そして、彼らの目に危険きわまりない異端者と映る人々を必要とあらば当局に告発をしただろうことは想像に難くないと述べる（同：37頁）。

一方、キリスト教徒の側でも、ユダヤ教から分離した一派として、自分たちの布教活動が神に選ばれた民を名乗る人々（ユダヤ人）の間で大した収穫をあげられずにいることを苦々しく思っていたことであろう。そのため、以後、キリスト教布教の眼目は、神が一度はユダヤの民に与えた選民としての特権を召し上げ、それを新しいイスラエルの上に移行させてすでに久しいのだということを世に示すことに置かれた（同）。

八世紀から十一世紀にかけての時代に最も繁栄したユダヤ人の居住地域はローマ帝国下のスペインであった。そこでは、やがてローマ教皇の力が高まるに従い、ユダヤ人に対する統制が強められた。

当時のユダヤ人が置かれた状況について、押尾高志は以下のように述べる。

ユダヤ人はキリスト教が古代ローマ帝国の国教になる以前からイベリア半島に居住し、支配者が西ゴート帝国、イスラーム王朝、キリスト教諸王国と変遷していくなかで、それぞれの社会で常に宗教的少数派として存在し続けた。（中略）イベリア半島のユダヤ人の人口の多くはアンダルスに集中しており、八世紀半ばから十一世紀後半まで、ユダヤ人たちはアラブ・イスラーム文化の担い手として、社会経済的・文化的に高い地位にしばしば到達していた。しかし、十一世紀前半の後ウマイヤ朝の崩壊以後、徐々にアンダルスの諸都市がキリスト教諸王国に征服されたことで、征服地のユダヤ人住民もキリスト教支配下に編入された（押尾２０２１：10頁）。

３　キリスト教の敵というイメージの定着

ユダヤ教とキリスト教という二つの宗教は共通点の多い同根の宗教であったからこそ、それぞれ差異化に腐心したといわれる。

そのなかで、ユダヤ人のイメージのステレオタイプが形成されていった。「キリスト殺し」「頑固に回心を拒む者」「救われず永遠のさまよう者」等々である。

イエスの死は、神殺し、罪の中の罪、償いようのない過ちとみなされ、当然の帰結としてその責任がイエスを否認したユダヤ人たちに帰されることとなり、ユダヤ人から選民としての資格を剥奪する手続きはこの段階で完成をみた（ポリアコフ　２００５ａ：38頁）。

そして救いの共同体であるキリスト教のエクレシア（キリスト者の集会）に対して、ユダヤ教共同体は敗北者としてのシナゴーグ（ユダヤ教徒の集会）であるという神学的な対比が普及した（市川　２００９：75頁）。

当時ヨーロッパ内に住んでいたユダヤ教徒は、キリスト教徒にとって「内なる敵」「内なる他者」に他ならず、キリスト教徒との軋轢要因ともなり、これが反ユダヤ感情を醸成した（関　２００３：９頁）。

そして、キリスト教徒にとっては、イエスこそが救世主（メシア＝キリスト）であるということこそが真実であり、ユダヤ教徒はそれを否定し続けてきたのであり、ユダヤ教徒が差別、迫害されても仕方のないことだという認識にすり替わっていった（臼杵　２０２０：１２８頁）。

しかし、後に中世ヨーロッパで頻発していくユダヤ人虐殺事件は、必ずしもこのような考えだけで行われたものではなく、経済的、宗教的理由という要素が強く働いた。ひとつは経済的に成功したユダヤ人に対するさまざまな不満であり、さらには歴代のキリスト教勢力が打ち出したユダヤ人改宗政策に対して一定のユダヤ人が拒否あるいは抵抗して応じなかった点が挙げられる。

三　反ユダヤ主義の暴発

1　十字軍による「異端」の討伐

こうしたキリスト教徒の反ユダヤ感情は、反ユダヤ主義を引き起こした。ユダヤ人は普通の人々とはまったく違うという観念が生まれ、彼らは悪魔を礼拝し、邪悪な秘密の儀式で悪魔と交信するという報告まで生み出される状況であった（ジョンソン　1999a：346頁）。ユダヤ人排斥主義は中世のキリスト教徒の感性の中心にあったのである。

このように蓄積された反ユダヤ感情は、十一世紀から十三世紀にかけてヨーロッパのキリスト教が、パレスチナの聖地、なかでも聖墓（キリストの墓）をイスラーム教徒から取り戻すために開始された十字軍遠征において暴発する。

教皇グレゴリー七世は、「正義の戦争」であり、十字軍兵士となって戦えば、それまで犯した罪はすべて許されるという布告を出した。

一〇九六年、二、三の大領主に率いられたフランスのキリスト教徒の騎士たちからなる十字軍が、教皇の勧誘でバルカン半島とコンスタンチノープルを通って、パレスチナの聖地に遠征した。その途上、ラインラントの諸都市で三〇〇以上のユダヤ人共同体（アルハマ）を呑み込んだ。そして近東のイスラーム教徒を殺害する予行演習としてフランスの十字軍兵士たちは、一大災難が降り懸かろうとは夢にも思っていないユダヤ人に組織的虐殺を行った（キャンター

２００５：２２３〜２２４頁ほか）。

　聖地をめざした十字軍は、イスラーム教徒に対して敵意を燃やしていただけでなく、最初から「キリストの殺害者」、ユダヤ人に対する「復讐」を誓っていたのである（石田　２０１３：２６７頁）。

　ユダヤ人の歴史の文脈において、十字軍はどのように位置づけられるのか。

　西洋の歴史をつうじて、この十字軍の遠征が始まった一〇九五年十一月二十七日ほど、重要性を帯びた日付はなかった。クレルモン・フェラン公会議の席上で第一次十字軍の遠征を呼びかけたウルバヌス二世は、自らの行いがキリスト教世界全体にわたってこのような甚大な影響を及ぼすことになるとはおそらく予想していなかった（ポリアコフ　２００５ａ：63頁）。

　十字軍によるユダヤ人犠牲者の総数は、統計的な根拠は明確ではないが、スティーブン・ピンカーは以下のように述べている。

十字軍の兵士たちは惨忍だった。エルサレムをめざしての途中、ニカイアの包囲戦（1097年）では、彼らは討ち取った頭部を投石機で場内に投げ込んだ（出典：『ライフ人間世界史　信仰の時代』1967年）

　十字軍は遠征の途中、ユダヤ人を数多く殺害し、ニカイア、アンティオキア、エルサレム、コンスタンチノープルを包囲し略奪したあと、それらの土地に住むイスラーム教徒とユダヤ人を皆殺しにした。（政治学者の）ルドルフ・Ｊ・ランメルは死者の数をおよそ一〇〇万人と推定しているが、当時の世界の人口は約四億人で、二十世紀半ばの人口と比べると約六分の一だったから、十字軍の虐殺による死者数六〇〇万人ほどに匹敵する。これはナチスが殺害したユダヤ人の数とほぼ同じである（ピンカー　２０１５ａ：２６５頁）。

事実、十字軍運動からユダヤ人が最初に蒙った被害は、先に述べた一〇九六年のラインラントにおける数回にわたる集団虐殺であり、このユダヤ人虐殺以来最大の反ユダヤ主義の波が、特にドイツ、オーストラリア、フランス、スペインにおいて三〇〇以上のユダヤ人共同体を攻撃したのである（ジョンソン　１９９９ａ：３６２頁）。

２　なぜ大規模なユダヤ人虐殺が行われたのか

十字軍の派遣は十三世紀末まで七次に及んだ。そのなかで、ユダヤ人虐殺は抜かりなく繰り返された。十字軍はユダヤ人共同体を襲い、虐殺と略奪を重ね、生き残ったユダヤ人に改宗を強制した。

たとえば、十三世紀末、聖地解放を目的に掲げて民衆運動を展開したフランスのパストゥローー家がラングドッグ地方に二度目の十字軍を送り込んだ時、「死か洗礼か」、言い換えれば、虐殺か強制改宗かを迫ったときの状況について、グレゴワール・シャマユーは次のように述べている。
彼らは戦争とユダヤ人狩りを続行した。トゥルーズの住民のバリュシュ・ラルマンは、こう語る。パストゥロー家と群衆がユダヤ人地区に侵入した。彼らが自宅にやってきたとき、〔死ね！ 死ね！ 洗礼を受けないと、今すぐ殺してやる〕との叫び声が聞こえてきた。怒り狂う彼らを目にし、洗礼を拒否したユダヤ人が目の前で殺害されたので、私は殺されるくらいなら洗礼の方がましだと答えた。彼らは私を拘束し、着の身着のまま何も持たせず家から追い出した。二人の聖職者が大聖堂の前でユダヤ人数名の死体を見せつけてこう言った。「洗礼を受けねば、目の前のこいつらのように死なねばならないぞ」と（シャマユー 2021：170頁）。

ここでの疑問は、なぜムスリム（イスラーム教の信奉者）の一掃に向けられた十字軍の遠征が、結果的にユダヤ人の大量虐殺と強制改宗を引き起こしたのかということである。

実際に戦いの場でイスラーム教徒と戦ったキリスト教徒はごく少数であったといわれる。敵対者たるムスリム以前に、十字軍の行軍の道筋にあるユダヤ人共同体が一つ残らず危険にさらされ、ユダヤ人が真っ先に血祭りに上げられたのである。

現実にイベリア半島や中東でイスラーム教徒の軍隊と対決するのは不都合であるとか危険すぎると思われた場合、キリスト教徒の十字軍に対する鬱積した熱情は本国に住む無防備のユダヤ人相手に発揮された（キャンター 2005：223～233頁）。

ここで留意すべきは、十字軍のユダヤ人に対する暴動を誘発したのは、先に述べたように、蓄積された反ユダヤ感情、言い換えれば、反ユダヤ主義のイデオロギーであった。キリスト教徒には、パレスチナの聖地でムスリムを殺戮するというのが、十字軍の任務であるというならば、ヨーロッパ内部で同じく異教徒であるユダヤ人に対して殺戮、略奪を繰り返すというのは論理にかなっているように考えられたからである。

事実、十字軍の兵士たちは、不信心たちを駆逐すべく武器をとったのだから、祖国の内部にキリストの敵を生かしておくのは不義に相当すると考えた（ポリアコフ 2005a：64～65頁）。

十字軍兵士は、キリスト教徒が聖地で不当に扱われているという無数の話によって誘発された。そしてこれらの話の中の主たる「悪漢」はイスラーム教徒であったが、ユダヤ人は「裏切り者の助っ人」としてその中に組み込まれていったのである（ジョンソン 1999a：346頁）。

ここで、キリスト教界のすべてが必ずしもユダヤ人迫害に賛同あるいは共感していなかったことにも言及したい。

一〇九六年、諸都市に十字軍の軍勢が集結すると、ユダヤ人共同体は危険にさらされたが、その際、シュパイアの司教は武力を行使して速やかに十字軍の暴動を抑え、首謀者たちを絞首刑に処した。ケルンの大司教も同様の処置を講じた。他のほとんどの場所でも領主や司教たちが、時にはみずからの命を危険にさらしてまでユダヤ人を守ろうとしたといわれる。一般民衆のキリスト教徒においても、最初の反応は、犠牲者に対する憐憫、そして出来事そのものに対する驚きだった。必要に応じてユダヤ人たちに対する積極的な助力も惜しまなかった。ただ、熱狂と略奪品の欲望に駆り立てられたキリスト教徒の住民が、虐殺者の群れに加わることもあった（ジョンソン　１９９９ａ：３４７頁、ポリアコフ　２００５ａ：69頁）。

ユダヤ人に対する組織的虐殺、それは、ユダヤ人、とりわけドイツ系ユダヤ人（アシュケナジ系ユダヤ人、Ashkenazi Jewish）における数世紀に及ぶ平和、特権の崩壊、破壊と剥奪の時代の幕開けを意味した。

四　繰り返される反ユダヤ・プロパガンダ

１　共存・寛容から反ユダヤへの転換

このように、ユダヤ人をめぐる政治的・宗教的環境は大きく変化した。ヨーロッパ社会からユダヤ人を締め出す方針が承認されたのは、中世の歴代教皇の中で最も力のあったインノケンティウス三世が主宰した一二一五年の第四次ラテラノ公会議である。その結果、このユダヤ人を公職から追放するという方針がキリスト教国において法制化されていった。とくに、カスティーリャ王、アルフォンソ十世が制定した法『シェテ・パルティダス』（七部法典）は、ユダヤ人との共存・寛容をめざす一方で、厳しい反ユダヤ的な条項を謳っていた点で注目された。

この法は、①ユダヤ人改宗のための暴力・強制の禁止、②聖書の言葉や穏やかな説得による改宗、③改宗ユダヤ人に対する尊敬の一方で、⑤ユダヤ人の公職就任の禁止、⑥ユダヤは識別のためのユダヤ人章着用の強制を謳っていたからである（度会　２０１０：１１８～１１９頁）。

ここでいうユダヤ人章着用の強制とは、識別のための指標を頭に帯びてなくてはならないとするものであり、これを怠ったユダヤ人は一〇マラベディをそのつど支払わされ、罰金を支払えない場合は一〇回の公開鞭打ち刑に処された（同）。

このように、当初のユダヤ人改宗における暴力・強制の禁止および聖書の言葉や穏やかな説得による改宗など、実際的な共存と寛容をめざしたキリスト教国の対ユダヤ政策は、やがて徹底した反ユダヤへ向かっていった。

ユダヤ人に対する非寛容、すなわち反ユダヤ主義による迫害は、宗教的側面、民族的側面、経済的側面にまで波及し、これらは時代を経るごとに強くなっていった。

キリスト教社会では古代ローマ時代から異教徒の排除があり、十字軍や異端審問、レコンキスタ（Reconquista、国土回復運動）など、宗教的迫害がエスカレートした。民族的迫害・中傷はユダヤ人独自の文化や自治を怪しんで起きたものであり、権力の集中化や国家形成とともに「国民」と「外国人」のもととなる意識が生まれると、異民族としての排除も起こるようになった（市川編著　２０１５：72～73頁）。

スペイン語で「ラ・コンビベンシア（La Convivencia）」、英語の the coexistence、つまり「共存」「共生」はレコンキスタが終了し、ユダヤ教徒の国外追放が始まる一四九二年（イスラーム教徒は一五〇二年）までの間、キリスト教徒、ユダヤ教徒、イスラーム教徒がそれぞれ居住区を分けながらも平和の裡に併存・交流していた時代を指す。

しかし、キリスト教徒、ユダヤ教徒、イスラーム教徒の各社会が平等な権利を持ったことはなく、つねに不平等を基盤とした共存関係であった。スペインは、神殺しの罪を犯したために自らの王国・国王を持たない離散の民となったという教会法がつくりあげた伝統的なユダヤ人像を維持したからである（度会　２０１０：１１８〜１２０頁）。

このように、ユダヤ人を理性的手段（説得）によって真理に目覚め、いつの日かキリスト教に改宗する「潜在的キリスト教徒」と見なす楽観的ユダヤ人観は消滅していった。

ユダヤ人に対する負のイメージが累積されていった過程について、関哲行の論考を要約する（関　２００３：52頁）。

・十四〜十五世紀に入ると、楽観論は消滅し、高利貸しや徴税請負によってキリスト教徒を収奪する非道なユダヤ人イメージが浸透していった。

・加えて、ユダヤ人はキリスト教社会の破壊を目論む悪魔サタンの手先、メシアとしてのイエスを否定し、邪悪な信仰に固執する堕落した民、イエスを殺した「神殺しの民」とみなされた。

・キリスト教徒の子どもを生贄《いけにえ》とする儀礼殺人を行ない、聖体とされたイエスの体をあらわすパンを盗みシナゴーグ（ユダヤ教礼拝所）でパンを剣で突き刺して冒瀆するという聖体冒瀆（host desecration）を繰り返すユダヤ人との「共存」は不可能とされ、物理的手段（暴力）によるユダヤ人政策が追求された。

2　ペスト（黒死病）と反ユダヤ・プロパガンダ

さらに、十四世紀〜十五世紀の西ヨーロッパは、封建制の危機と再編の時代に遭遇する。大飢饉やペスト（黒死病）による大幅な人口減少、貧民の増加、領主経営の危機などを背景に、深刻な社会・経済危機に直面したからである。そして、先に述べたように、キリスト教徒のユダヤ人に対する楽観主義は消滅して悲観論へと傾斜し、反ユダヤ運動と強制改宗が猛威を振るうようになる。

この間、ヨーロッパにおいて無視できない出来事として、一三四八年から五一年にかけてのペストの大流行があった。このペスト大流行では、ヨーロッパ人口の四分の一から三分の一が苦しんで死んでいったといわれる。当時の医学は療法もわからず、ペストの原因の解明はお手上げであった。そこでユダヤ人排斥思想や反ユダヤ的な流言飛語が広まっていたため、人々がペストの咎《とが》をユダヤ人にきせたのは当然の成り行きであった。

注目すべきは、ペストがヨーロッパ大陸で猛威を振るったとき、ユダヤ人が井戸を汚染しペストを広めているとして、広くユダヤ人が責任を負わされ、恐ろしい告発がいくつもなされたことである（シャーボク　２００５：65頁ほか）。ユダヤ人をスケープゴート（scapegoat）とした反ユダヤ・プロパガンダ（宣伝）であった。スケープゴートは「贖罪、生贄の山羊」などの意味合いを持つ聖書由来の用語である。

このプロパガンダの実相について、関哲行は以下のように説明する（関・立石・中塚編 2008：188頁）。

・ペストの原因は、悪魔サタンやムスリム支配層と連携し、キリスト教社会の破壊を目論む邪悪なユダヤ人に帰せられ、ユダヤ人イメージは著しく悪化した。

・それを決定的なものとしたのが、内乱期のエンリケ・デ・トラスタマラ（エンリケ二世）による「メシアであるイエスを否定し、高利貸しや徴税請負によって、キリスト教徒を収奪するユダヤ人」、「堕落した民としてのユダヤ人」などの反ユダヤ・プロパガンダであった。

このようなプロパガンダで形成されたユダヤ人イメージがキリスト教徒民衆のあいだに定着し、反ユダヤ運動が高まるきっかけとなった。こうしたユダヤ人像が、封建制の危機の時代にキリスト教徒民衆のあいだに定着したのである。

3　高まる反ユダヤ主義

ペスト（黒死病）の流行と反ユダヤ・プロパガンダによって、ユダヤ人は集団ヒステリーの憎しみの対象となり、パニックに陥った民衆が極端な反ユダヤ主義的な活動へと突き進んだ。

ここで発生した反ユダヤ運動、ポグロム（虐殺行為、pogrom）について、レイモンド・F・シェインドリンは以下のよう述べている。

パニックに陥った民衆はその恐怖をやわらげるために極端な宗教活動に頼った。集団ヒステリー状態の中で、ユダヤ人が井戸を汚染しペストを広めているとの噂が飛び交った。ユダヤ人社会、特に中央ヨーロッパのユダヤ人社会が一つ一つ襲われ、破壊され、追放されていった。血の粛清の際に以前の教皇たちが行ったように、教皇クレメント四世は、ユダヤ人がキリスト教徒と同じようにペストで死んでいく中、こうした馬鹿げた主張を止めるよう何度も試みたが、結局ユダヤ人が血を流す以外に民衆を鎮める方法はなかった（シェインドリン　２００３：１２３〜１２４頁）。

ペスト大流行は、後に本格化するユダヤ人追放、組織的虐殺の端緒となるものであった。フランスではユダヤ人による毒散布（well poisoning）の噂が広まり、最大規模のポグロムが発生した。事件は他の地域でも発生し、ユダヤ人は集団自決に追い込まれたり、追放されたりした。

この時代には、先に述べた聖体冒瀆事件が各地で頻発し、フランス、ドイツ、スペインなどヨーロッパの各地でユダヤ人追放令が出され、迫害行為が行われたことが特徴である。

たとえば、フランスでは一三〇六年、フィリップ四世がユダヤ人の財産を没収し、国外追放する措置に出た。ユダヤ人は次の王の治世において帰国を認められたが、一三二〇年、「羊飼いの十字軍」と呼ばれる民衆の運動によりユダヤ人社会は攻撃され、その翌年には五〇〇〇人のユダヤ人が井戸に毒を投げ込んだとして、生きながらにして埋められた。そして一三九四年には完全に追放された（シェインドリン　２００３：１２２頁）。

民衆の集団ヒステリー状態の中で、ユダヤ人社会、とくに中央ヨーロッパのユダヤ人社会が一つ一つ襲われ、破壊されていった。こうして、ユダヤ人は十五世紀中には中央ヨーロッパのドイツ各地から追放されたが、さらに十五世紀末のスペインからのユダヤ教徒（ユダヤ人）追放令は彼らに追い打ちをかけたのである。

＊第2章　隠れユダヤ教徒「マラーノ」の発生

一　排除の世紀―改宗・異端審問・追放令―

１　マラーノの宗教史の時代区分

これまで見てきたように、改宗ユダヤ教徒（隠れユダヤ教徒、蔑称マラーノ）発生の前史として、ディアスポラ（離散）以降、十字軍による大量虐殺と強制改宗、レコンキスタ（国土回復運動）の進展など、ユダヤ人が置かれた状況は厳しいものとなってきた。

改宗ユダヤ教徒は、一三九一年の反ユダヤ暴動発生を機に、ユダヤ人四〇〇〇人が殺害される暴動と強制改宗によって生まれた。

ここで最も注目された動きが、ユダヤ人のキリスト教への大量改宗であった。一四世紀を通して、キリスト教修道僧によるユダヤ教に対する非難は絶えることがなく、彼らの主導によって、ユダヤ人は民衆の集団ヒステリーの憎しみの対象となり、キリスト教への大量改宗に追い込まれた（シェインドリン　２００３：１３１～１３２頁）。

この現象はユダヤ人の歴史においてかつてなかったものであった。キリスト教に改宗したユダヤ教徒は、コンベルソ（改宗ユダヤ教徒、マラーノ）、あるいは、スペインの多数派たる旧キリスト教徒（クリスティアノス・ビエボス）と区別して、新キリスト教徒（ヌエボス・クリスティアノス）と呼ばれた。

隠れユダヤ教徒「マラーノ」の宗教史の四〇〇年間は、①第一期（一三九一年～一四九七年までの最初の一〇〇年間）、②第二期（一四九七～一五九八年までの一〇〇年間）、③第三期（一五九八年から一八〇六年のフランス革命までの二〇〇年間）に区分される（ハイマン　２０１３：１５６～１５７頁）。

そのなかで、第一期の一〇〇年間は、隠れユダヤ教徒「マラーノ」発生という観点から、次の三つのステージ（段階）に分けられる（小岸　１９９２：３０６～３１０頁）。

第一段階：一三九一年の反ユダヤ暴動勃発、ユダヤ人の虐殺とそれに伴うキリスト教への改宗

第二段階：一四九二年のスペインにおけるユダヤ教徒追放令、残留ユダヤ人の集団改宗

第三段階：一四九七年のポルトガル・ユダヤ教徒の大量改宗

以下に掲げる年表は、第一期の三つの段階を中心とした略史である。

一三九一年	セビリアの副司教フェランド・マルティネス、講壇から反ユダヤ主義的な説教。セビリアで反ユダヤ暴動勃発、ユダヤ人四〇〇〇人が殺害される。ポグロムがスペイン全土に波及。キリスト教に集団改宗（マラーノ発生の第一段階）以降、狂信的なキリスト教布教熱が定着。
一四一二年	ベネディクトゥス十三世、トルトサでユダヤ人問題を取り上げ、ユダヤ人の一斉追放に乗り出す。
一四六七年	トレドで旧キリスト教徒と新キリスト教徒の新たな抗争が勃発、一三〇人のマラーノが命を落とす。新国王側からマラーノを今後永久にトレド市の全公職から締め出す旨の指令。
一四六九年	カスティーリャの王女イサベルとアラゴンのフェルナンド皇太子(母親が改宗者)結婚
一四七八年	教皇シクトゥス四世、スペインに異端審問所設置に関する教書を発布。
一四八〇年	セビリアに異端審問所設置。続いてコルドバ、セゴビア、アラゴンにも設置。
一四八一年	初の宗教裁判（セビリア）で六人のマラーノが火あぶりの刑に処せられる。
一四八三年	コルドバで最初のアウトダフェを挙行。アンダルシアからユダヤ人が一斉追放。
一四九二年	イスラームのグラナダ王国陥落。カトリック両王、その領土から四カ月以内にユダヤ教徒を追放する勅命に署名。国外に去った十六万人以上のユダヤ教徒のうち、およそ十二万人がポルトガルに移住。国内に残留したユダヤ人およそ五万人がキリスト教徒に改宗（マラーノ発生の第二段階）
一四九六年	ポルトガル王マヌエル一世、その領土から十カ月以内にユダヤ教徒を追放する勅命を

	発布。
一四九七年	ポルトガル・ユダヤ教徒の大量改宗（マラーノ発生の第三段階）

出所：小岸昭（１９９２）等に基づき、筆者作成。

２　累積する反ユダヤイメージ

前章で述べたように、ユダヤ人（ユダヤ教徒）は、エルサレムへと進む十字軍によって繰り返された虐殺、とくに常に虐殺や強奪に正統性を認めることになる儀式的殺人と生贄の悪用という絶えざる弾劾によって、彼らが何世紀も住んでいた国や地方からの放逐を強いられた。それまでもユダヤ人追放は時々起こったが、それは地方的な事件であった。しかし、この頃になると国王による中央集権化が進んでいたため、ユダヤ人追放によって一国内のユダヤ人共同体が根絶され、多数の流民が出現した（石田　２０１３：２６９頁）。そのなかで、イギリス（一二九〇年）、フランス（一三九四年）からの大規模な追放、そして後述する一四九二年のスペインからの追放はユダヤ人迫害の最大の措置であった。スペインのユダヤ人共同体は、この一四九二年の追放令によって根絶されたからである。

このような迫害は彼らの肉体や財産に向けられたばかりでなく、彼らの魂、彼らの文化にも向けられた。ユダヤ教では聖典『トーラー』は、片言隻句の変更も許されない神の言葉、成文律法とされる。そのため『トーラー』を変動する現実生活に対応させるためには不断の解釈と注解が必要であり、それを集大成したものが、研究や学習を意味する『タルムード』であった。『タルムード』はユダヤ人の生活規範というべきもので、農事・食物慣行、宗教儀礼、家族生活、民法・刑法関係の規定などを含んでいる（関　２００３：５頁）。彼らは『タルムード』も焼かれた。強制された改宗を迫られながら生き残ったユダヤ人たちは、一二一五年に制定された『シュテ・パルティダス』（七部法典）に基づき、ルーエル（衣服につけさせられた黄色の輪型マーク）か、とんがり帽子を着けさせられ、それらは、群衆の侮蔑や、ときとしては憎悪とともに、ユダヤ人のしるしとなったのである（シュラキ　１９９３：87〜88頁）。

さらに、十四世紀〜十五世紀のスペインは、封建制の危機と再編の時代に遭遇する。ペスト（黒死病）による大幅な人口減少、貧民の増加、西ヨーロッパ諸国と同様の領主経営の危機などを背景に、深刻な社会・経済危機に直面したからである。そこでは、改宗ユダヤ教徒を「潜在的キリスト教徒」とする楽観主義は消滅し、悲観論へ傾斜していった。その結果、反ユダヤ運動と強制改宗が猛威を振るうようになるのである。

注目すべきは、このように、考えられるあらゆる悪をヨーロッパ中世のキリスト教徒がユダヤ人に投影していく傾向が強く存在したことである。

ユダヤ人は「キリスト教徒の血をすすっている」、「神聖なキリストの体であるパンを拷問にかけている」、そして「ペストの元凶は、ユダヤ人が毒を盛ったせいである」など、ユダヤ人からすれば、全くの誤解と偏見に基づく負のイメージが累積されていった（小滝　１９９８：２

19頁)。

3 「第二の悲劇」と呼ばれたレコンキスタ

ユダヤ人にとって、紀元後の第二神殿の崩壊という第一の悲劇、そして十一世紀後半以降の再征服・再植民運動、すなわち、レコンキスタという第二の悲劇、二十世紀に入ってからのナチスによるホロコースト(ユダヤ教徒に対する絶滅政策・大量虐殺)という第三の悲劇があった(臼杵 2020:122、135頁)。

第二の悲劇とされたレコンキスタはその後のユダヤ人迫害、すなわち、改宗、異端審問、ユダヤ教徒(ユダヤ人)追放令の契機となった。レコンキスタ運動はイベリア半島の北辺に撃退されていたキリスト教徒が北から南へと支配領域を広げる過程で、イスラーム教徒という「外なる敵」、ユダヤ教徒という「内なる敵」を排除し奪還することを意味していた。

その意味で、イスラーム教徒は「外憂」、ユダヤ教徒は「内憂」であった。ユダヤ教徒は、レコンキスタ運動が最終局面にはいった十四世紀のスペインにおいて、イスラーム教徒と同様に、国民的なレベルでのキリスト教諸国の敵にされてしまったのである。

スペインにおいては、キリスト教徒の小国が十一世紀末までにその勢力を南に広げる過程で、一〇八五年にはカスティリャのアルフォンソ六世がイベリア半島におけるイスラームの中心であったトレドをその支配下に置いた。これは後に続くスペイン全体のキリスト教国化の第一歩となった。

中世のスペインはこのように、レコンキスタ運動に由来するキリスト教至上主義が燃え盛った時代であった。スペインが異教徒の駆逐をはかる上で利用した情念こそ、軍事熱狂的なキリスト教精神であった（同　２２４頁）。そして十三世紀のレコンキスタ運動以降、一二四八年までにはグラナダを除く全半島がイスラーム教徒の統治者から奪い返され、キリスト教徒の支配下に入った。その結果、イベリア半島の大部分がキリスト教国家の領土となった。

ユダヤ教徒をめぐる状況が大きく変化したのである。その変化を加速させたのが、十四世紀半ばのペスト大流行と、後述する一三九一年の反ユダヤ暴動であった。

その背景にあったのは、ユダヤ教徒と接触することがカトリック信仰に「害悪、痛手、恥辱」をもたらし続けているという見方であった。このような「害悪」と「不都合」に対する治療法は、ユダヤ教徒とキリスト教徒間の接触を完全に断つこと、そして、ユダヤ人をすべての王領と諸侯領から追放することであるとする考え方が支配的となったのである。

４　異教徒として隔離されたユダヤ人　―ゲットーの時代へ―

ヨーロッパ社会からユダヤ人を締め出すユダヤ人隔離政策として、「ゲットー化」があった。ゲットー（gietto）という言葉はもともとベネツィアのユダヤ人居住区を指すものであり、この居住区が大砲鋳造所の跡地の近くに設けられたことがその由来である。

一五一六年、ベネツィアにおいてはじめてのゲットーがローマとイタリア国内の教皇領のユダヤ人を隔離する政策として実行された。

「ゲットー・ヌオヴォ」（新鋳造所）という名で呼ばれ、その町のすべてのユダヤ人はそこに住むことを強制され、昼間の間だけキリスト教徒の街区に出入りすることが許された。夕刻になるとゲットーの門は夜警によって施錠された。また、日曜日やキリスト教祭日はキリスト教徒の街区への外出が禁止され、外出が可能な日でもユダヤ人であると識別するユダヤ服を着衣しなければならず、また二人以上徒党を組んで歩くことも禁止されるという状況であった。

ベネツィア・ゲットーの状況について、ポール・ジョンソンは、次のように述べる。

新鋳造所は四方を運河に囲まれ、高い塀がめぐらされ、外向きの窓はすべて煉瓦で塞がれていた。門は二カ所あり、四人のキリスト教徒が警備にあたった。警備はほかに六人いて、二艘の舟でパトロールを行った。ユダヤ人共同体は計一〇人の警備費用を支払うだけでなく、施設の賃借を無期限に現行歩合の三割増しで行うよう命じられた。しかし、このベネツィアの提案にユダヤ人は猛反対した。この提案はユダヤ人がいることでもたらされる（特別税を含む）利益を最大限確保する一方で、ユダヤ人と外界の接触を最小限に抑えるのが目的だったからである（ジョンソン　１９９９ａ：３９２〜３９３頁）。

このユダヤ人の反対にあっても、ベネツィアが一歩も譲らなかったことは言うまでもない。

ゲットーのユダヤ人の状況について、石田友雄は以下のように指摘する。

ゲットーは強制された差別居住区であったが、同時に閉鎖社会であったため、それがユダヤ人とユダヤ文化を「防衛」したことも事実であった。ゲットーには必ずシナゴーグと学校があって、宗教的伝統を中心とするユダヤ文化の教育が行われていた。福祉と慈善活動も盛んで、あらゆる種類の互助組織が発達していた。しかし、ゲットーという非人間的制度がユダヤ人の肉体と精神に破壊的影響を及ぼしたことは、あまりにも明白であった（石田　２０１３：２８２〜２８３頁）。

イタリア以外でもそれ以前から壁に囲まれた形のユダヤ人居住区はいくつかの町で存在していた。有名なのは、フランクフルト（ドイツ）のものである。しかし、イタリアの教皇領とプロバンス（フランス）で始まり、やがてイタリア主要都市に広まるにつれて、ユダヤ人居住区の標準的なものとなった。ゲットーの建設はこののち一七三二年まで続いた（シェインドリン２００３：１７４頁）。

ゲットーの壁が取り払われるまでに実に三〇〇年を要したのである。この間、ユダヤ人社会は圧制も二級市民の座も甘受せざるを得なかった。

このように、ゲットーは、その後ユダヤ人問題に悩む各国に取り入れられ、広まっていった。ユダヤ人は徹底して疎外されつづけたのである。キリスト教徒居住区から物理的に分離されたゲットーというユダヤ人隔離政策はヨーロッパ・キリスト教社会が待ち望んでいたアイデアであった。

キリスト教社会とユダヤの価値観の非共有を追放という手段をとらずに成立させるぎりぎりの形がゲットーの壁であった。そして壁はそれまで都市内に散らばっていた異分子を明確化する境界になったのである（市川編著　２０１５：73頁）。このゲットーの時代、ユダヤ人は負のイメージを一身に背負い、徹底して疎外され続けた存在だった。

後述するように、後の西欧近代において、フランス革命とともに、ユダヤ人解放が起こった。ここでいう解放（emancipation）とは、ユダヤ人が異邦人かつ異教徒としてゲットーに閉じ込められていた境遇からユダヤ教を信仰する自由を手にすることを意味していた（市川　２００９：６頁）。

二　「迫害と抑圧の年」となった一三九一年
―マラーノ発生の第一段階―

１　なぜユダヤ人は攻撃されたのか

隠れユダヤ教徒「マラーノ」の宗教史の第一期に当たる一三九一〜一四九七年の一〇〇年間

は、ユダヤ教徒にとってどのような時代だったのか。

この十四世紀の一世紀間はユダヤ教徒の歴史において史上まれにみる変動期であり、マラーノの発生、スペイン統一とレコンキスタの完成、一四九二年のユダヤ教徒（ユダヤ人）追放令、アメリカ大陸「発見」、さらには、ポルトガル・マラーノの発生、異端審問制度の導入、その後の追放ユダヤ人の新しい展開へと続く時代であった。

前章で述べたように、一三四八年、スペインがヨーロッパの他の地方と同様に、ペストに襲われると、ユダヤ人は大衆の集団ヒステリーの憎しみの対象となり、ユダヤ教に対する非難は絶えなかった。このような事態と並行して起こったのが、以下に述べるカスティーリャ王国における十四世紀後半以降の反ユダヤ政策の遂行である。

ここで注目すべきは、祖先に異教徒、ユダヤ人あるいはイスラーム教徒、とりわけユダヤ人の血が混じっていないかという血の純潔条項（リムピエサ・デ・サングレ、limpieza de sangre）による中傷や反ユダヤ的なプロパガンダが人心を惹きつけるのに伴って、スペインのユダヤ人の地位が急速に悪化したことである。

キリスト教徒たちは、自分たちは幼児洗礼によって代々繋がっている古くからのキリスト教徒であることを誇ったのである。こうした民族的偏見や宗教的優越感などが「血の純潔」という強迫観念を生み出した（川成　２０２０：68頁）。この「血の純潔」は、カトリック国・スペインでは、なによりも重視され、旧キリスト教徒が尊ばれ、ユダヤ教からの改宗者あるいはその子孫は社会の中で特定の職種から遮断され排除される存在となった。

その過程で一三七八年、反ユダヤの民衆暴動がセビーリャで発生し、九一年にはそれが一気に爆発することになる。この反ユダヤの民衆暴動の背景には、十三世紀、イスラーム勢力が衰えてカトリック勢力が強大化するにつれ、キリスト教圏ではユダヤ教に対する不寛容が増大したことがあった。

反ユダヤの民衆運動発生の要因として、一三七〇年代以来、セビーリャでエシハの大司教、フェラント・マルティネスの扇動的な反ユダヤ説教によって、反ユダヤ的プロパガンダが広まり民衆の心をとらえていたことが挙げられる。

なぜ、イベリア半島においてユダヤ人は攻撃されたのか。ポール・ジョンソンは、キリスト教徒のユダヤ人、すなわち、マラーノに対する宗教的、民族的、経済的な非寛容という観点から、以下の各点を指摘する（ジョンソン　１９９９ａ：３７２〜３７３頁）。

・彼らが改宗者（コンベルソ）つまりマラーノになったとき、ユダヤ人は隠れた脅威となったのである。改宗者の多く、おそらくはほとんどすべてが不本意に改宗したことをスペインの民衆は知っていた。

・彼らは恐怖から、あるいは便宜を得るために形式上ユダヤ人であることをやめた。ユダヤ人として過酷な法的無資格に苦しめられていたが、コンベルソとして理論上は他のキリスト教徒と同じ経済的権利を得たのである。

・したがって、彼らは信仰を守っているユダヤ人よりもはるかに評判が悪かった。なぜなら、彼らは交易と手工業に割り込んできた出しゃばりであり、経済的脅威であったからである。しかもおそらく隠れユダヤ人であるから、偽善者であるばかりか、密かに社会の転覆をもくろむ存在として疑われた。

２　死か洗礼か　―大規模なポグロム（虐殺）―

このような状況下で、一三九一年六月、セビーリャで最初の反ユダヤ暴動が発生し、大規模なユダヤ人の虐殺とシナゴーグの破壊が行われ、次いでそれが数カ月の間に、コルドバ、トレド、バレンシア、バルセローナ、ブルゴス、マドリッドなどの主要都市に波及した。ユダヤ人共同体は壊滅的な打撃を受け、キリスト教への改宗を強制されたのである。

ここで注目すべきは、大多数の改宗者は「隠れユダヤ教徒」になったことである。先に述べたように、キリスト教徒は彼らを「改宗者（コンベルソ）」、あるいは「新キリスト教徒」と呼んで自分たちと区別し、「マラーノ」（豚）という蔑称を与えた。

スティーブン・ピンカーは、このユダヤ人虐殺を「殺人的民族暴動」と呼び、その特徴として、あるグループが別のグループを構成している人々の本質的な属性を理由にして、彼らを人間以下であるとか、根本的に悪であるとか、あるいはその両方であると決めつけ、集団となって暴徒と化し、標的を攻撃した点を指摘する（ピンカー　２０１５ｂ：19頁）。

一三九一年のセビーリャにおける反ユダヤ暴動はヨーロッパで一〇〇〇年にわたって続いた

ユダヤ人迫害の先駆けとなった。

イルミヤフ・ヨベルは、「暴徒となったキリスト教徒がユダヤ人を殺害し、家々を焼き討ちにしながら進撃して行った時、至る所で〔死か洗礼か〕という鬨《とき》の声が湧き起り、数千人のユダヤ人が洗礼盤へと引きずられ、もしくは自ら進んで洗礼盤の前に群がり、生き残るために洗礼を受けた。殉教を遂げる者もいたが、それは稀だった」と述べている（ヨベル　１９９８：33～34頁）。

ユダヤ人は迫害から逃れるためキリスト教に改宗し、数多くの改宗者（コンベルソ）が生まれた。広域的に波及した強制改宗あるいはポグロムから逃れるための改宗が進んだのである。

さらに、十四世紀末から十五世紀初頭には、ドミニコ会士が各地で反ユダヤ主義的説教を展開し、ユダヤ教徒の改宗を促した。

これらの暴動は、ドミニコ会の大説教師で、後に聖人の列に加えられたヴィセンテ・フェレルによって引き起こされたと往々にして言われる。以下では、フェレルとその同僚の聖職者たちに責任があるとするポール・ジョンソンの指摘を要約する（ジョンソン　１９９９ａ：３６９～３７０頁）。

・確かにフェレルは二〇世紀に嵐のごとく反響することになった形態のアンティ・セミティズムを手助けをしたと言える。彼の公の説教が反ユダヤ的集団ヒステリーや暴行にたびたびつながったのは事実である。

・しかし暴動を奨励していなかった。それどころかそれを憂えた。彼は公式に一三九一年の暴動を非難する。いわく暴徒が自ら法を管理するのは不正で非キリスト教的な行為である。実際に行動し合法的に対処するのは国家の義務なのだ。暴動は国家が「解決」すべき「問題」であることをはっきりと示した。

・こうして、教皇ベネディクト八世によって是認された一連の反ユダヤ主義的政策と、その履行を開始したフェルディナンド一世をアラゴン王として選出したことに対して、フェレルとその同僚の聖職者たちは責任があった。

このような強制改宗へと突き進んだ背景には、何があったのか。

まず第一に、繁栄するユダヤ人に対するカトリックの宿年の妬みや古くからの反ユダヤ主義があった。一三九一年以降のユダヤ人弾圧において最も注目された動きは、先に述べたように、ユダヤ教徒のキリスト教への強制改宗であった。外国に逃れる道を選ばないとすれば、キリスト教徒の要求にしたがって、カトリックに改宗するほかはなかったのである。

3　常態化する暴力的攻撃と非難

この最初の集団改宗が起こってから数十年間に、旧キリスト教徒側からの妬みと激しい競争心が生まれ、一四四九年、トレドが改宗ユダヤ教徒（コンベルソ、マラーノ）に対する最初の深刻なポグロムの舞台となった。旧キリスト教徒たちの反乱であった。

このトレドで勃発した反ユダヤ運動は、ファン二世の寵臣アルバロ・デ・ルナがトレドの富裕なコンベルソ（改宗ユダヤ人）商人の献策により都市特権を無視して臨時課税の徴収を命じたことに端を発する。これに激高したキリスト教徒はコンベルソ商人の自宅を焼き討ちし、都市官職を保有する有力コンベルソの居住地を襲撃したのである（関・立石・中塚 2008：190頁）。

このトレド騒動以後、ポグロムは続く三〇年の間にカスティーリャでは常態化し、政治危機や局地的な暴動の際に繰り返された。メディナ・デル・カンポ（一四五一年）、トレド（一四六七年）、ハエン（一四六八年）、バリャドリード（一四七〇年）、ゴルドバ（一四七三年）の各都市で発生した（グリーン 2010：53頁）。

このなかで、一四六七年のトレドの暴動においては、大聖堂で新旧キリスト教徒間で新たな血腥《ちなまぐさ》い抗争が勃発し、多くの改宗ユダヤ教徒（新キリスト教徒）が命を落とした。そしてこのとき、新国王側から、改宗ユダヤ教徒を今後永久にトレド市の全公職からから締め出す旨の指令が発せられた。

このように、ある時は自然発生的な暴徒の襲撃というかたちで、ある時はキリスト教会の指導者に率いられた組織的攻撃というかたちをとって、改宗ユダヤ教徒に対する暴力的攻撃が繰り返されたのである。

ここで留意すべきは、改宗ユダヤ教徒が、キリスト教徒からはユダヤ教徒と見られ、ユダヤ教徒からはキリスト教徒と見られるという厳しい立場に立たされたことである。

改宗ユダヤ教徒は、ユダヤ教徒からは「憎悪と軽蔑」を、キリスト教徒からは「中途半端なキリスト教徒」、「懐疑主義者」、「自由思想家」という怒りを、そしてあらゆる社会階層からは「成り上がり者」、「出世主義者」、「競争相手」として憤激を一身に浴びることになったのである（ハイマン　２０１３：32頁）。

どちらの側からも中途半端な存在と見なされ、排除の対象とされたのである。

このような屈折した感情によって、新キリスト教徒は隠れユダヤ教徒であり、自分の宗教を密かに遵守（すなわち、土曜日の安息日の遵守など）していて、それゆえ最悪の異端者であり、異端審問で追及されるべきキリストへの裏切り者たちではないかとの嫌疑をかけられることになった（キャンター　２００５：２５０頁）。

その意味で、一三九一年のユダヤ人大虐殺は、百年後に起こるカスティーリャ女王イサベル一世、アラゴン王フェルナンド二世（以下、カトリック両王）による異端審問制度の導入、ユダヤ人の追放と残留ユダヤ人の集団改宗というスペインにおけるユダヤ人社会の消滅への長い道のりの第一歩となったことに留意すべきであろう。

強制改宗によって増大した改宗ユダヤ教徒の存在は、十五世紀以降、ユダヤ人社会の中で格差を生み出した。スペインからユダヤ人が放逐される前の時期、ユダヤ人社会はその数においてもまたその富においても著しく衰弱し、スペイン社会における存在感もまた希薄になっていった。ユダヤ人は小市民階級を形成し、商店で働き、靴職人や仕立て屋や肉屋などを営む傾向が強かった。

これに対し、改宗ユダヤ教徒は新キリスト教徒として、中産上級階級、俗にいうアッパー・ミドルクラスとなり、彼らの中から高位の聖職者や宮廷顧問、学者や大実業家、銀行家や海運業者が輩出し、軍の御用商人になったり、高級官僚の地位を手に入れたりする者も出てきた（ハイマン　２０１３：27頁）。

このように、改宗ユダヤ教徒が社会の至る所で活躍し、宮廷や教会では以前には不可能であったような高位にまで上り詰めるようになったことは、ユダヤ教徒、旧キリスト教徒の双方からさらに反発を各地で受ける原因ともなった。

４　表向きのキリスト教遵守と秘密裏のユダヤ教遵守

スペインのユダヤ人は改宗への絶え間ない圧力の中で、どのような対応なり生き方をしていったのだろうか。

改宗か死かの厳しい二者択一を迫られた彼らは、一方では、キリスト教に心底から帰依し、旧キリスト教徒以上に熱心にカトリック信者になった者と、他方では、生命・財産を守るために形式的にキリスト教を受け入れたものの、実際は密かに先祖の宗教であるユダヤ教を信奉し続ける隠れユダヤ教徒に二分された。その意味で、隠れユダヤ教徒は、表向きはキリスト教を遵守し、秘密裏にユダヤ教を遵守した面従腹背のユダヤ人であった。

ここには、先にも述べたが、キリスト教への「表面的な同調」とそれに対する「内的な反抗」に引き裂かれた改宗ユダヤ教徒、マラーノの存在があった（小岸　１９９５：89頁）。

彼らは、まずスペインにおいて、後にポルトガルにおいて数百年間辛抱強く彼らの秘密のユダヤ教を守り続けた。ユダヤ教を信奉するマラーノは当局の頭痛の種となり、煩わしい事態や迫害の要因ともなった（ヨベル　１９９８：34頁）。旧キリスト教徒は彼らの信仰に猜疑の目を向ける一方で、彼らの社会的進出と経済的成功は大きな脅威となった。

このように、ユダヤ人の歴史（Jewish history, history of Jews）において、隠れユダヤ教徒「マラーノ」は、ローマ教皇庁・キリスト教国およびキリスト教徒の反ユダヤ主義に基づく迫害によって生まれ、その後、数奇な運命をたどることになる。ポール・ジョンソンは以下のように述べている。

（ユダヤ人共同体に対して—引用者—）教会国家の組織的な反ユダヤ政策が遂行された。トレドにあった歴代の王室聖職者評議会は正統派キリスト教の政策を捨てて、ユダヤ人を強制的に洗礼することを命じたり、割礼、ユダヤ教の儀式、安息日その他の祝日を祝うことを禁止した。多くのユダヤ人はキリスト教の受容を余儀なくされたが、密かにユダヤ教を守り続けた。こうして、のちにマラーノと呼ばれるようになった隠れユダヤ教徒が歴史の中に登場する。彼らはスペインのキリスト教、そしてスペインのユダヤ教にとって絶え間ない不穏の種となった（ジョンソン　１９９９ａ：２９８頁）。

当時のスペイン社会は宗派から見た場合、①多数派のキリスト教徒、②ユダヤ教からキリスト教に改宗したマラーノと蔑称されたグループ、③少数派のユダヤ教徒の三つが併存した。

そこでは、改宗か殉教かの二者択一を迫られた多くのユダヤ教徒が「偽装改宗者」となった。改宗者の多く（おそらくその大部分）と彼らの子孫がカトリック社会への融合・共生に努力している間、かなりの人々は密かにユダヤ教（あるいはその変形）を守り続けていたのである。

＊第３章　異端審問の開設とユダヤ教徒追放令

一　スペイン異端審問所の始まり

１「魂の警察」としての宗教裁判

先に述べたように、十四～十五世紀の反ユダヤ運動により多くのユダヤ教徒はキリスト教への改宗を余儀なくされたが、この新キリスト教徒が真の改宗者かどうかの不信感は大きかった。その真偽を問うための社会的装置として設置されたのが、異端審問所である。

異端審問は全カトリック世界的な制度であったが、時代と国によって、それぞれ特徴を有した。各国の政治的な条件との関係で、異端審問の性格が決定されたからである（渡邉　２０２１：１８６頁）。

異端審問制度自体は、十三世紀のローマ教皇庁内に開設されたことを始まりとする。中世では異端の罪に対しては死刑（罪状はユダヤ教信奉）の宣告が普通であった。これはスペイン異端審問所も同様であった。

カスティーリャ女王イサベル一世、アラゴン王フェルナンド二世のカトリック両王が異端審問所開設の必要性を痛感する直接的契機となったのが、一四七七年のセビーリャ訪問である。ここで、多くの改宗ユダヤ教徒がユダヤ教の実践と解される行為を公然と行いながらも、キリスト教徒であると公言して公職に就き、あるいは聖職禄を享受しているという現実を目の当たりにしたことである（関・立石・中塚 ２００８：２５６頁）。

そしてイベリア半島最後のイスラームの飛び地であったグラナダの攻略とともに、モーロ人最後の要塞アルハンブラ宮殿を奪取し、スペイン王国を事実上誕生させた両王は教皇庁に使節を送ってスペイン異端審問所の設立許可を求めた。その結果、一四八〇年九月、セビーリャにスペイン初の近世異端審問所が誕生し、その後、スペインの主要都市に相次いで設置された。

一四八三年に初代異端審問長官となったドミニコ会士トマス・デ・トルケマーダは、押収財産の処分や審問手順を記した『異端審問指図書』の作成や異端審問官への「血の純潔」規約の適用などを通して異端審問制度の発展を築き、その権限をスペイン王国全体に及ぼすことで、同制度による集権的機能の獲得に貢献した（同：２５６〜２５７頁）。

ここで、注目すべきは、スペインにおける異端審問制度がひとつの国家主義的な独立した機関であり、スペインで三〇〇年以上にわたって活動し、異端審問所が現世で神の代わりを務め、キリスト教が公共の生活全体を支配したことである。異端審問官は国王行政機構の一環として、王権に属する長官によって任命された。

２　主要な標的となったマラーノ

一四八〇年代の異端審問活動は苛烈を極め、当時の年代記作者プルガールによれば、二〇〇〇人の改宗ユダヤ人が背教者として処断され、一万五〇〇〇人が教会と和解するために悔罪した（同　２５６頁）。

スペイン異端審問制度の特徴とは何か。

改宗ユダヤ人の信仰の誠実性を疑って、彼らを狙い撃ちした審問を行い、キリスト教徒に成りすました隠れユダヤ教徒「マラーノ」と、カトリック信仰を守っている誠実な新キリスト教徒とを選別することを主眼とするものであった（度会　２０１０：１３３頁）。

異端審問の対象となったのは、①隠れユダヤ教徒「マラーノ」、②「モリスコ」、③プロテスタント、④ジャンセニストなど、広範囲にわたった（ハイマン　２０１３：63～64頁）。

モリスコはキリスト教に強制改宗させられてもまだイスラームの慣習に従っていたムーア人であり、プロテスタントはルターやカルヴァン信奉者、ジャンセニストは無神論者やほんの少しでも正当な信仰から逸脱した人たちすべてを指した。さらに、神秘主義者、カトリック教内部の分派信者、のちになるとフリーメーソンの会員、ついで魔女や魔術師、重婚生活者、罪を犯した司祭なども加えられ、最後に書物や雑誌の検閲までも宗教裁判所の対象となった。そのなかで、隠れユダヤ教徒「マラーノ」は裁判所に召喚され、拷問を伴う尋問を受けた。

なぜ、マラーノが主要な標的となったのか。

先に述べたように、マラーノは単に自らの出世・栄達と国の支配を目的に改宗したにすぎないという非難を受ける一方で、ユダヤ教的習慣を続けている者はキリスト教に対する信仰が足りない、ユダヤ人家族と付き合っている者は再びユダヤ教に改宗したのかと糾弾され、キリスト教国に巣くう「害毒」として位置づけられたためである。その結果、いつ異端審問所に訴えられるかわからないという不安に怯えて暮らしていくことになった（シェインドリン　２００３：１３５頁）。

もしユダヤ教の信仰に固執したり、何度も繰り返し「隠れ」である咎《とが》めだてを受けると、火炙りの刑に処せられた。おそらくこの判決を受けた隠れユダヤ教徒の半数は刑の執行の前に絞殺された（キャンター　２００５：２５２頁）。そしてこのような者に科された処罰はリスト化され、聖職禄を受けることや町の触れ役にいたるまですべての役職に就くことが禁止された。

３　異端者の「洗脳」による宗教的統一

異端審問は異端信仰と異端者を標的にし、撲滅することを使命とする特別の宗教裁判であった。ここで言う異端信仰とは「ある人たちが他の人たちと違った信仰に固執する場合」であり、異端者とは「邪悪な教義をもって、自分たちの自由意思で教会から離れていく人たち」であった（エヴァンズ　２００８：１９６～１９７頁）。

このように、異端審問は一つの宗教裁判であったので、純然たるキリスト教の教義に反する者はすべて有罪とし、根絶やしにすることをめざした。スペイン王国はこの異端審問制における強権的な「暴力」によって、国民を「洗脳」し、敵を「捏造」し、新たにキリスト教君主国家としての一体感を醸成する素地を作り出したのである。

異端審問官は異端者たるマラーノをキリスト教の信仰へと改宗させることにおいて、「強制力と説得力の組み合わせ」としての「洗脳」の技法を用いた。この「魂の警察」は、後世の全体主義国家、共産主義国家とも通底する特異な思想であり、制度であった（ポリアコフ　２００５ｂ：２２２～２２３頁）。その意味で、異端審問所は「魂の警察」として、マラーノに対する国王やキリスト教聖職者の道具となった。

とは言え、すべての者が死刑になったわけではなかった。永久に棄教を誓ったマラーノはある期間投獄される可能性があったものの、金持ちであれば罰金に代えることができた。

そして彼らは先に述べたユダヤ人章である二つの黄色い十字のついた喪服、サンベニートを少なくとも一年、場合によっては永久に着用しなければならなかった。サンベニートは異端審問で罪を認めた悔悛者が着せられた悔罪服であり、白地に悪魔の図柄を描いたシャツが一般的で、教会と和解した後も着用を義務付けられた。もし、それを怠った場合は「逆戻り（レラプソ）」の烙印を押され、やはり火刑に処された。しかも彼らには宗教裁判所に通報する特別の義務があった。それを怠ると「教会に対する反乱」の烙印を押され、やはり火刑に処された。

4　非寛容で残酷な処刑方法

スペインの異端審問官は、その特有の残忍さをもって抜きん出ていたといわれる。彼らは、本来、国家の道具に過ぎなかったはずの異端審問所を一種の国家内国家にまで発展させ、その廃止のためには実に十九世紀を待たなければならなかった（ポリアコフ　２００５b：２２２頁）。その異端審問所の処刑方法は、残酷極まりないものだった。宗教による暴力という様相を呈したのである。その特徴として、以下の各点が挙げられる（シェインドリン　２００３：１３６頁）。

・逮捕者は拷問で責められ、自白した場合、親戚や友人まで波及した。まれに監禁から解かれる者もいたが、多くの場合、肉体的にぼろぼろになり実質的に廃人同様の状態であった。

・有罪を宣告され、さらに悔い改めることを拒否した者はアウトダフェ（公開処刑、異端判決宣告式）によって、生きながらに火炙りの刑に処された。

・悔い改めを誓った者も屈辱的な苦行を強いられ、しばしば貧窮状態に貶められた。まれに監禁から後に自らの罪を認めた者は、火炙り刑から絞首刑に変更された。

このように、異端審問所の処刑方法は、残酷極まりないものだったにもかかわらず、王国からユダヤ教を信じるマラーノを追放する一方で、王の権力をあまねく広めるのにより効果的な手段となった。この非寛容な異端審問所によってスペインにおける宗教的統一が達成され、王の権力が中央集権化されたからである。

二 「ユダヤ教徒追放令」（一四九二年）
―マラーノ発生の第二段階―

1 一大転機となった一四九二年

マラーノ発生の第二段階として位置づけられる一四九二年は、キリスト教国家スペインにとっても、大きな転換点となった。

その中心となる出来事は、①ローマカトリック教徒のスペイン人が樹立した君主国家によって、イスラーム教徒の最後の領土のグラナダ王国が陥落したこと、②スペイン王国からのユダヤ人（ユダヤ教徒）の追放、国外退去、③コロンブスの航海とアメリカ大陸「発見」、である（アタリ ２００９：12頁）。ちなみに、追放令によるユダヤ人集団の大移動の最終日とコロンブスの大航海の初日とはわずか一日違いであり、そしてグラナダはその半年前に陥落した。

一四九二年三月、カトリック両王は、「アラゴン及びカスティーリャからのユダヤ人追放に関する勅令」、すなわち、ユダヤ教徒（ユダヤ人）追放令を公布した。

この王令は、アラゴン連合王国（一一三七年に成立したバロセローナ伯領を中心とする連合国家）とカスティーリャ王国（一二三〇年にレオン王国との統合により成立した王国）全域のユダヤ人住民に対して、キリスト教への改宗か、それとも国外への追放かの選択を迫ることで、ユダヤ人の改宗問題の最終的な解決と、キリスト教信仰による国内統合をめざすものであった。十四世紀末から進展したユダヤ人の強制改宗の結果、ユダヤ教徒の人口は明らかに減少していたが、それでもなお約八～十五万人のユダヤ教徒がこの時期にスペインから追放されたと推算されている（押尾 2021：11～12頁）。

追放令はスペインのユダヤ人にとって、そして世界のユダヤ人にとっての歴史的な大事件となった。先に述べたように、紀元七〇年に第二神殿が崩壊したことに次ぐ「第二の悲劇」として捉えられている。

そして、グラナダ王国を屈服させたカトリック両王は一五〇二年二月、イスラーム教徒追放令を公布して、ムデハルにキリスト教への改宗か国外退去かを迫った。その結果、数多くのムデハルがキリスト教に改宗し、モリスコと呼ばれた。こうして生じた大量のモリスコのなかには、イスラームの伝統的な生活様式と信仰を実践しつづける者もみられた（関・立石・中塚 2008：258～259頁）。

モリスコのなかには、キリスト教への改宗後もイスラームの宗教的・文化的慣習を保持し続けた「隠れムスリム」も多く存在したのである（押尾 2021：6頁）。

ユダヤ教徒追放令とイスラーム教徒追放令という二つの追放令による宗教的統合の意義、およびそれがスペイン社会にもたらした功罪について、大内一は以下のように指摘する。

カトリック両王は、二つの追放令をとおしてスペイン王国から異教徒の存在を消し去るとともに、異端審問によって、カトリック信仰による王国の宗教的統一を理論上達成した。この宗教的統合は、〔複合王政〕下のスペイン王国にとって、王国の凝集性を高めるための重要な手段であり、唯一の王国統合原理として機能した。しかし、その一方で、「血の純潔」概念の発展を決定的なものとし、スペイン社会、とりわけカスティーリャ社会に独特の社会的価値観と差別意識を定着させることとなった（関・立石・中塚　２００８：２５９頁）。

一四九二年の追放令が、ユダヤ人共同体のいたるところに大きな驚きと失望を引き起こしたことは確実であった。この追放令によって、ユダヤ人たちはスペインからの追放（プラス家財没収）か、キリスト教への改宗かの選択を強制されたのである。彼らが祖国にとどまるために唯一残された手段は結局、洗礼を受け入れるしかなかったのである。

２　「ユダヤ人のいないスペイン」を目指したカトリック両王

先に述べたように、ユダヤ人問題は、トレドで一四四九年に、先に述べたキリスト教徒の血の純潔条項をもたらす勅令をもたらし、マラーノは公職を追放されるに至った。そして一四八七年には異端審問が導入されたのである。

ユダヤ人の追放は、具体的にはどのような経緯で決定されたのか。

一四九二年三月の追放令は、カトリック両王が改宗ユダヤ人のキリスト教への同化を目的とし、その障害であるユダヤ教徒の存在を根絶すべく、キリスト教への改宗か国外退去かの選択を迫ったものであり、異端審問がスペイン王国全体に波及した結果であった（関・立石・中塚２００８：２５７頁）。

この追放令に先立って開催されたグラナダでのカトリック両王の諮問会議で、二つの異なる見解が議論に上がったといわれる。第一の見解は、ユダヤ人共同体はまさにその特殊性によってスペイン国に必要であり，彼らはすばらしい貢献をしているというものであり、これに対し、第二の見解は、彼らは危険な存在であるというものであり、《ユダヤ教の掟に従う異端は取り除かねばならない悪性腫瘍なのだ…》と反論した。両王は一週間熟考したあと、宗教的純血性の擁護を掲げて、ユダヤ教徒に対してスペインからの国外追放か受洗を迫る勅書に署名し、およそ一ヵ月後にこれを布告した（アタリ ２００９：２３０〜２３４頁）。

ここで注目すべきは、このユダヤ教徒追放令が、改宗を受け入れないユダヤ教徒をすべてスペインから実質的に追い出すことを決定したことであり、その帰結として、スペイン王国の領土内に住むユダヤ教徒は老いも若きもすべて永久に追放するという内容になったことである。

このユダヤ教徒追放という発想の背景には、ユダヤ教徒との接触・交渉がカトリック信仰に「害悪、痛手、恥辱」をもたらされ続けているという伝統的な思想があり、これらの害悪と不都合に対する真の治療法として、ユダヤ人とキリスト教徒のあいだの接触を完全に断つこと、そしてユダヤ人をすべての王領と諸侯領から追放することがあった（ポリアコフ　２００５ｂ：２３８〜２４０頁）。

スペインにユダヤ教の宗規を厳守するユダヤ教徒がいるかぎり、キリスト教への改宗者は密かに元の宗教（ユダヤ教）に戻りたい誘惑にかられ、その信仰は崩れ、キリストを裏切ることになるという恐れがあったからである。

あわせて、王室がユダヤ人の財産を没収するためというのも、一三〇〇年頃、ユダヤ人が英国とフランスから国外追放になった時もそうであったが、ひとつの動機であった（キャンター２００５：２５３頁）。その意味では、ユダヤ教徒追放令はユダヤ人の豊富な資産を狙ったスペイン王国の国家的経済犯罪とも言うべきものであった。

３　エクソーダス　―スペインからの集団的離脱―

キリスト教の洗礼かユダヤ教徒として国外退去かの二者択一を迫られた結果、改宗を拒んだユダヤ教徒は国外に退去を開始したが、他方、国外移住に踏み切れない者、追放を望まなかった者は洗礼を選択してキリスト教に改宗した。ユダヤ教の教義を遵守するユダヤ人は、改宗を拒絶し、財産を投げ打ってまでして国外に移住しようとした。彼らは追放令が発布されるという状況下で、持ち物を処分し動産・不動産を売るのに必要な期間として四ヵ月の猶予が認められたが、現金と貴金属を持ち出すことは禁じられた。

当時、宮廷になおも有力な代表者を送り込んでいたユダヤ人集団は、当然のことながら、追放令の撤回、少なくとも猶予期間の延長を求めて画策したが、国庫への莫大な額の寄付もこの時は功を奏することなく終わった（ポリアコフ　２００５ｂ：２４０頁）。その結果、ユダヤ人社会は七〇〇年間続いたスペインからの離別を余儀なくされた。国内のユダヤ教徒のおよそ五〇万人が追放され、北アフリカやイタリア、バルカン半島など、地中海周辺に逃れた。とりわけ当時、帝国の拡大で新たな人材を求めていたオスマン帝国が恰好の受け皿を提供した。隣国ポルトガルへ逃れた者も多数を占めた（市川　２００９：96～97頁）。

このように、ユダヤ教徒は改宗を受け入れた者、亡命の道を選んだ者と、真っ二つに割れたのである。こうした分裂の具体的な事例として、度会好一は、以下のように二人のユダヤ人重臣のケースを挙げている。この対照的な選択にユダヤ人社会の分裂が象徴的にあらわれている。

カトリック両王が、ユダヤ人重臣のアブラハム・セネオルとイサアク・アブラバネルに改宗を勧めただけでなく、スペイン各地の当局や修道士や教会人らが最後の説得を行った。これに対し、セネオルが女王イサベルに説得されて洗礼を受けて顕職に就いたのに対し、アブラバネルは亡命の道を選び、ヨーロッパを転々とする亡命生活の辛酸をなめるうちに、忘恩のキリスト教徒に神罰が下がることを熱望するメシアニズム（救世主信仰）へと傾斜していった。（改宗を受容した―引用者―）セネオル一族においても、女婿が改宗、弟や妹は亡命という分裂ぶりであった（度会　２０１０：１３９～１４０頁）。

ここで始まったのが、改宗を受け入れなかったユダヤ人のエクソーダス（集団的移住）であった。当初、彼らの大多数はそう遠くには行かず、大部分は国境を越えてポルトガルに行った。やがて、後に述べるように、海外への移住をめざすユダヤ人の動きが加速する。

三　ポルトガル・マラーノの誕生（一四九七年）
―マラーノ発生の第三段階―

１　ポルトガルのマラーノたち

ユダヤ教徒（ユダヤ人）追放令によって、スペインからの追放ユダヤ人がスペインと並ぶイベリア半島のもう一つの王国、ポルトガルへ移住した。

ユダヤ教徒のポルトガル移住の契機となったのは、ポルトガル国王がスペインのユダヤ教徒代表団からの請願を受諾し、金銭の支払いを交換条件としてポルトガル域内への受け入れたことであった（立石編　２０１８：90頁）。その条件は、一人当たり八クルザードの人頭税を支払い、なおかつ自前で調達した船で八カ月以内に国を去るというものであった。しかし、大半のユダヤ教徒は用意が間に合わず、またその決断も下しかねていた（ポリアコフ　２００５ｂ：２４３

頁)。

最終的には、約四万人がポルトガルへ移住した。その結果、ポルトガルのユダヤ教徒は約一〇万人となり、同地の全人口の約一〇パーセントにまで達し、当時のヨーロッパで有数のユダヤ教徒共同体を抱えることになった(立石編 2018:90頁)。

このように、一四八〇年代、多くの改宗ユダヤ教徒がスペイン異端審問を逃れてポルトガルに移り、九二年にスペインのユダヤ教徒がカトリック両王により追放されたときも、大部分はポルトガルに移った。ジョアン二世はポルトガルが受け入れ可能なユダヤ人家族数を六〇〇と定めて、その侵入を阻止しようとしたが、大規模な流入に抗しえなかった(ギー・テスタス、ジャンテスタス 1974:92頁)。ジョアン二世から王位が移り、マヌエル一世の時代になると、カトリック両王の縁談が具体化し、彼らは婚姻の条件としてポルトガルの全面的キリスト教化を突きつけた。レオン・ポリアコフはその時の状況を次のように述べている。

まず、ユダヤ人の子供たちが強制的に洗礼を強いられ、洗礼を拒む親たちも引き立てられた。こうして数週間のうちに(ポルトガルの先住ユダヤ人たちも含めて)、数千人のユダヤ人が洗礼を受けた。一方、スペインからのユダヤ人移民は、モーセの律法への忠実さにかけてはまさに選り抜きの集団であり、一五〇四年、一五〇六年にユダヤ人の虐殺が行われた。自殺者も多数に上り、それ以外の惨劇も相次いで発生した(ポリアコフ 2005b:243~244頁ほか)。

ここで注目すべきは、この時、国王マヌエル一世がユダヤ人に脱出を思い留まらせるために、四〇年後には法令を撤回する約束をしたことによって、キリスト教に改宗して残留するユダヤ人が多かったことである。ユダヤ教の非合法化が決まり、ユダヤ人がポルトガルを後にしようとすると、ポルトガル国王はそれを押しとどめ、一四九七年三月に強制的にユダヤ人をすべてキリスト教徒に改宗させる挙に出たのである。

さらに留意すべきは、マヌエル一世が隠れユダヤ教徒の宗教活動に対する取り調べを向こう二〇年間にわたって禁ずる措置を打ち出したことである。その結果、ユダヤ人家庭での母親の教育と感化がひそかにユダヤ教を存続させる事態を可能にしたため、ポルトガルの改宗ユダヤ教徒は、キリスト教徒になりきった集団とひそかにユダヤ教を守った集団とに分かれた（市川２００９：97頁）。

ユダヤ教に舞い戻った集団は、自宅では秘密裏にユダヤ教の儀式を行い、子供たちにユダヤ教の枠内で教育を施し、リスボンの町でシナゴーグを維持しては、カトリックと同じ祭式を執り行う一方で、キリスト教の司祭のもとで告解（告白）をし、キリスト教のしきたりを守って生活していた。隠れユダヤ教徒の発生である。

マヌエル一世が隠れユダヤ教徒に対する取り調べを二〇年間にわたって禁ずる措置を打ち出したことについて、度会好一は、この施策が表向きキリスト教徒でありさえすれば、中身はユダヤ人であっても咎めない宣言をしたことと同然の措置であったとして、次のように指摘する。

これは一見奇妙に見えはするが、決して奇妙ではない。国王マニュエルは、ポルトガルが海外へ膨張するための有力な尖兵となるユダヤ人の経済力、航海技術、地理学的知識をなりふり構わず確保したかっただけである。（中略）新キリスト教徒の宗教的行動を不問に付した布令によって、隠れユダヤ教徒が集団発生するのは必然の成り行きであった。そもそも彼らは改宗を嫌ってポルトガルへ逃げてきたのである。隠れユダヤ教徒がスペインよりもポルトガルの新キリスト教徒に多く見られたというのも、また当然としなければならない（度会２０１０：１４１―１４２頁）。

ユダヤ教からの改宗者、すなわち、新キリスト教徒はキリスト教徒と区別されて、さまざまな差別を受けることになるが、二〇年間は彼らの信仰を問わないという約束が交わされたことは、暗黙のうちに隠れユダヤ教徒の存在を認めることになった。

２　ポルトガル異端審問所と隠れユダヤ教徒

一五三六年、次のポルトガル王ジョアン三世によって、異端審問制が導入された。その契機となったのが、隠れユダヤ教徒「マラーノ」の増大であった。異端審問所を設ければ事態は落ち着くだろうと考えたのである。

しかし、異端審問制度はスペインからポルトガルへすぐに移ってきたわけではなかった。スペインで異端審問が創設された一四七八年からポルトガルで設立される一五三六年まで、五八年の隔たりがある。その背景には、ローマ教皇庁とポルトガル王室の間で、合意まで三〇年間にわたる協議を要した点が挙げられる。

なぜ、協議が長引いたのか。

その理由として、ユダヤ人の商才活用がある。教皇庁とポルトガル王朝のいずれも、「金の卵を産む鶏」を絞め殺すような真似はしたくないと考え、異端審問がいつ始まるかもしれないといって脅しをかけたままの状態の方が、実際に異端審問を行う以上に裕福で勤勉な「商いの人々」から金を吸い上げるためには好都合であったからである（ポリアコフ　２００５b：２８６頁）。ここで言う「金の卵を産む鶏」、「商いの人々」とは、マラーノのことである。

こうして設立されたポルトガル異端審問所が実際に活動するのはさらに遅れた。ポルトガルは、フェリペ二世統治下の一五八〇年からカルロス二世統治下の一六六八年までスペインと合体してその一部となったので、この間、スペイン、マドリードの最高会議に従属していた。そして一六六八年のリスボン条約によるポルトガル独立後の約一世紀間、異端審問制は存続した（ギー・テスタス、ジャンテスタス　１９７４：92頁）。

ポルトガル異端審問所の特徴について、その「異端者狩り」の残忍さを強調する見解とスペインに比較してそれほど過酷ではなかったという見解がある。

残忍さを強調する見解として、異端審問所開設直後に行われた「異端者狩り」について、改宗者ドゥアルテ・ダ・バスの次のような発言がある。

一五三六年から、異端審問がポルトガルで猛威を振るい始める。その過酷さは日を追うように増していき、都市部、農村、はたまた森や山に分け入ってまで［その生まれの人びと］を狩り出すのであった。各地で薪の山から炎が立ち上がる。当時のアウトダフェに関する古い記録を繙《ひもと》いても、［新キリスト教徒］たちがいかなる理由により、いかなる祈りの言葉を口にしながら死んでいったのか、判然としないのもこともしばしばである。一五四二年十月十四日、［美しく晴れ渡った青空のもとで二十名ほどの新キリスト教徒］を焼き殺した後、リスボンの恐るべき異端審問官は彼らの勇敢さを讃えた（ポリアコフ　２００５ｂ：２８８頁）。

一方、それほど過酷ではなかったという見解は、スペインの異端審問所がユダヤ教の完全な根こそぎに成功したとすれば、ポルトガルのそれは火刑の頻度もスペインに比較するとそれほど過酷ではなかった点、ポルトガルの異端審問所がポルトガル・マラーノのユダヤ教の保持に役立つ道具の一つとなった点を指摘する（同　２８１頁）。

ローマ教皇庁がもっと寛大な罰にするようにと、しばしば介入した事実がある。たとえば、一五三二年にジョアン三世が改宗ユダヤ人のポルトガル出国を禁じると、教皇クレメンス七世は翌三三年に大赦令を出した。また三六年に異端審問制度が設立された後、ジョアンは同国ラメーゴの司教を初代異端審問長官にしようとしたが、教皇庁はこの司教が過激な方針を取るのを恐れて認めなかった（グリーン　２０１０：31～33頁）。異端審問所が教皇庁の監督下にあったために、教皇庁は数次にわたって介入したのである。

その結果、ポルトガルにおける新キリスト教徒、すなわちポルトガル・マラーノはユダヤ教との密接な関係をずっと保持し続けることが可能となったのである。

彼らの大部分は背教よりも追放を選んだスペイン・ユダヤ人の末裔であり、彼らはもとよりの富裕層であった。ポルトガル総人口の約一〇パーセントにまで達し、当時のヨーロッパで有数のユダヤ教徒共同体といわれた数の面での充実度も加わって、さらに凝集力・影響力を身につけていったと考えられる。

異端審問所の設置から数年を経た一五四二年、ジョアン三世はローマ教皇に対し、彼らは「自らの臣民の重要な一角、しかも他の臣民とは比べものにならないほど有益な一角をなしている」と書き送った事実がある。商業と産業が栄え、国の収入が大幅に増大したのは、ひとえに彼らの活躍とその巨大な資本の賜物であり、自分の家の雌羊たるマラーノの首を刎ねるより、むしろその毛を刈り込んだ方がいいという趣旨であった（ポリアコフ　２００５b：２８６～２８７頁）。

＊第４章
自由の国を求めて ―マラーノの拡散―

一　スペイン追放後のユダヤ人

１　異端審問とマラーノの旅立ち

これまで述べたように、一三九一年にスペイン・セビーリャで最初の反ユダヤ暴動が発生し、暴動と強制改宗によって新キリスト教徒（コンベルソ、蔑称としてのマラーノ）が誕生するにいたった。さらに一四八〇年には、異端審問が導入され、不当逮捕、鞭打ち、追放、強制改宗、焚刑の時代が到来した。そして荒れ狂った異端審問のアウトダフェ（公開処刑）が繰り返されたことがマラーノ系家族の移住のきっかけとなった。

隠れユダヤ教徒「マラーノ」には、三つの集団、すなわち、第一の集団としての一三九一年のポグロム（大虐殺）により洗礼を受けた人々、第二の集団として国外移住を避けるため一四九二年にカトリックに改宗した人々、第三の集団として一五八〇年以来スペイン王国に帰属したポルトガルのユダヤ人が存在した（ハイマン　２０１３：66頁）。

彼らは、言うまでもなく、偽装カトリック教徒であった。そのなかで、国外追放の契機となった異端審問の標的となったのは、大部分が富裕層であり、貧困層はさしあたり標的から外されていた。その結果、当初は富裕層だけが国外に逃れる手立てを講ずることになったのであり、小市民や無産階級の移住はかなり後だった。彼らは同郷人や信仰仲間、あるいは他のマラーノが異国で足場を固めたことを耳にして、また富裕層の人々から支援を受ける当てがあって初めて目的地に辿り着くことができた。

彼らは差別や迫害からの解放を願い、「自由」を求めて、常時移住していた商人であった。海外に移住したマラーノは、「どこへ」向かったのか、「いつ」新しい土地に移住したのか、「なぜ」多くの都市は彼らを受容したのか。そして、彼らはどのようなプロセスを経て、植民主義、ひいては近代資本主義の尖兵となっていったのだろうか。

２　マラーノは「どこへ」向かったのか

なぜ彼らは海外に向かったのか。その主たる理由として、以下の各点がある。

・反ユダヤ主義の続発

・キリスト教国における「一国・一民族・一宗教」思想
・その帰結としての猛威を振るった異端審問制度の存在

スペインから追放されたおよそ五〇万人のユダヤ人が向かったのは、北アフリカやイタリア、バルカン半島など地中海周辺であった。その代表的なものは、コンスタンティノープル（トルコ）、テッサノロキ（ギリシャ）、イズミル（トルコ）、アドリアノープル（同）、ツファト（パレスチナ）などであった。隣国ポルトガルに逃れた人々もいた。とりわけビザンチン帝国を滅ぼして間もないオスマン帝国が新たな人材を求めていたため、格好の受け皿となった（市川 2009：96〜97頁）。

その後、彼らはアムステルダムに移り、この都市との発展ともに裕福になり、有力者にもなった。十七世紀のオランダ黄金時代に港湾都市として繁栄をきわめたアムステルダムには、ヨーロッパ各国から商品やアイデア、人、カネが途切れることなく流れ込み、カトリック教徒や再洗礼派、プロテスタント各宗派、そして祖先がポルトガルから追放されたユダヤ人など、さまざまな宗派の人々を受け入れた（ピンカー 2015a：329頁）。

そして同じ時期に彼らはハンブルクにも移住し、両都市間に交易関係を築いた。アムステルダムとハンブルクの改宗ユダヤ教徒・マラーノは、エムデンとグリュックシュタットにマラーノの居住地を建設した。そしてハンブルクからコペンハーゲンやストックホルムへ、さらには建設中のサンクトペテルベルクへ向かった。

こうしてマラーノたちは、十六世紀には、アントワープ、ベネティアア、アンコー、テッサロ

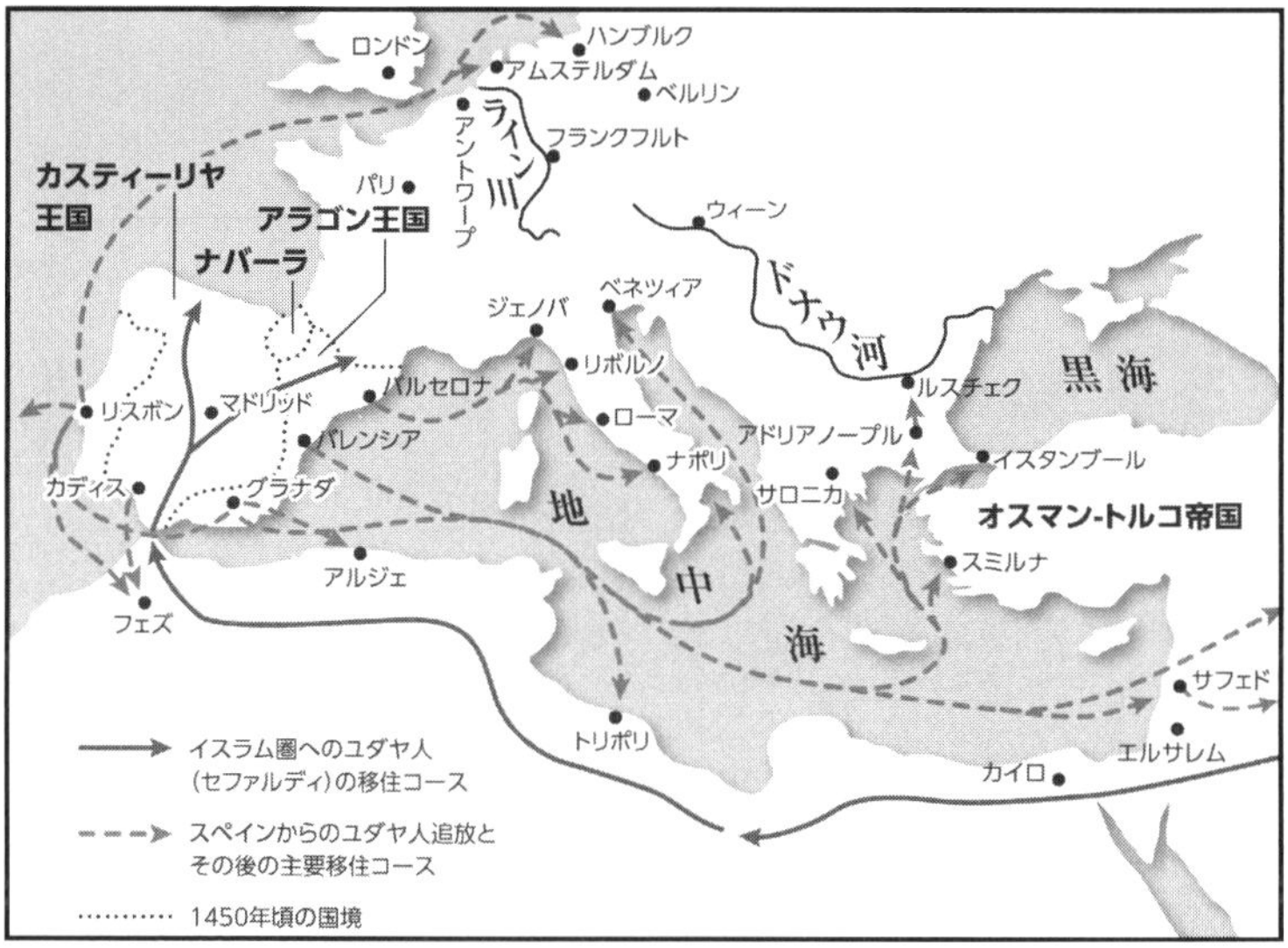

拡散するユダヤ人
（出典：小岸昭『十字架とダビデの星—隠れユダヤ教徒の500年』に基づき作成）

キ、ボルドー、十七世紀にはアムステルダム、ハンブルク、ロンドンなどへ四散していった。軌を一にして、ヨーロッパの都市の発展と貿易の拠点へと発展していくことになる。

その後のマラーノは、特に、十六世紀から十七世紀にかけて、安全な土地と富を求めて、イベリア半島、イングランド、フランス、オランダから南北アメリカに渡り、スペイン、ポルトガルの植民主義の尖兵となるなど、植民地主義において果たしたその役割は小さくなかった。その結果、ブラジルの港町や西インド諸島（バルバドスやジャマイカ等）、さらにはアメリカの東部海岸のあらゆる町にマラーノの共同体が生まれた。

3 「いつ」「どのように」移住したのか

何万人というマラーノが移住を続けた時期は、一四九二年のユダヤ教徒（ユダヤ人）追放令以後の二〇〇年間であった。

こうして人の移動が絶え間なく続くなかで、地中海沿岸のユダヤ人社会にはマラーノの抱える様々な問題、すなわち、富者の財産の保全、貧困層の救済、新しい定住場所の開拓、既存ユダヤ社会との融合、キリスト教徒として生きることによって生じた宗教的問題など多くの課題があり、これらは移住先の社会にも引き継がれた（シェインドリン　２００３：１３９頁）。

マラーノがこのように国際社会にひとつの社会集団として頭角を現してくる時期は、バスコ・ダ・ガマがインド航路を見い出し、コロンブスがアメリカ大陸に到達し、カブラルがブラジルを「発見」した時期と対応する。

彼らは常に個々別々に、家族単位か親族集団で移住しており、大集団で移住することは決してなかった。大集団としての移住は不可能であったし、異端審問所もスペイン・ポルトガルの王立官庁もそれを許さなかった。彼らは移住手段として、通常は船を利用したが、せいぜい一度に二、三〇人の規模というのが関の山であったといわれる（ポリアコフ　２００５ｂ：２９８頁）。

マラーノが新しい世界に向けて移住を続ける促進要因となったものは何か。レオン・ポリアコフの論考を要約する（同）。

・キリスト教諸国の政府（むろん、マラーノの出身国たるスペイン、ポルトガルを除く）はマラーノの逗留から利益を引き出す術を着実に身をつけ、彼らを迎え入れ、さまざまな特権を認めた。先頭を切って範を示したのは教皇庁であり、一五二五年、オリエントの扉たる港町アンコーナにマラーノを迎え入れた

・海上交易の国際的ギルドとして、彼らはその入植地でも重視された。それも「善きカトリック信者」たるマラーノと見なされた上でのことであった

商人としてのマラーノは、貿易の仕事をこなして力量を示し、大胆で進取の気性に富み、主導権を握り、かつ行動への意欲にあふれていた。国際的な商取引が活気づいたのも、彼らの存在のおかげであったと言われる（ハイマン　２０１３：95頁）。国際的な商取引が変貌を遂げるこの時期にマラーノが活躍する機会が訪れたのである。そして、生まれてくる大規模な取引である貿易にマラーノが主導的な立場を占めていくことになる。

４　「なぜ」多くの都市はマラーノを受容したのか

マラーノが多くの都市に受け入れられたのはなぜか。

ここで、最初のマラーノの最大の受け入れ国となったオスマン・トルコの例をみておこう。

トルコは一四五三年のコンスタンティノープル（イスタンブール）征服以降、イベリア半島のユダヤ人を引き寄せようと懸命であった。スルタン（君主）のメフメト二世の「わが国で生

きるヘブライの末裔たちよ、聞くがよい。望む者はだれでもコンスタンティノープルに来るがよい。汝らの民のうち他所にいる者たちも、ここに避難所を見い出すがよい」という呼びかけを行っていたほどである（ポリアコフ　２００５ｂ：２９５頁）。

オスマン帝国は異種混淆の社会であったため、多くの言語や宗教が存在していたことが特徴である。オスマン帝国は勢力拡大に伴い、まず（占領地の）ビザンチン帝国のギリシャ語をしゃべるユダヤ人を、そしてさらに大部分がアラビア語を話す中東のユダヤ人社会を包含していった。スペインにおけるユダヤ人が過酷な運命にあうと、喜んで受け入れたのである（シェインドリン　２００３：１４０頁）。

さらに注目すべきは、スルタンたちが経済的に発展するためにユダヤ人亡命者を必要な人材と見なしていた点である。

オスマン・トルコは軍事技術や農業技術においては先進国であったが、商業や貿易、さらには法律的知識においては劣っており、これらすべてに優れていたスペインからのユダヤ人亡命者はスルタンにとって願ってもない存在であった。征服によって領土を拡大したオスマン帝国は、新しい首都を定めて、行政担当者や都市居住者を必要としていた。追放ユダヤ人は行政官、医師、貿易商、商人、高度技能を持つ職人として歓迎されたのである（市川　２００９：99頁）。

その結果、四方八方からユダヤ人が群れをなしてコンスタンティノープルに殺到した。

スルタンのバヤジッド二世はスペイン王フェルディナンドがユダヤ人を追い出して自国を貧しくし敵を豊かにしたことを見て、彼が巷間言われているような「賢王」（賢明な国王）であるか疑いを持ったと伝えられている（ポリアコフ　２００５ｂ：２９５〜２９６頁、シェインドリン　２００３：１４０頁）。

コンスタンティノープルに続いて、マラーノたちの最大の受け入れ先となったのは、ギリシャ北部の都市、テッサロニキ（セラーニク、サロニカとも呼ばれる）であった。テッサロニキはオスマン支配期にはムスリムやユダヤ人の人口が増加し、ギリシャ人、ムスリム、ユダヤ人が共存した。そのなかで、マラーノは海外貿易をはじめ、宝飾品製造、鋳物製作、毛織物や絹の染色等に携わった。

このように、それぞれの都市や領主たちがマラーノを受け入れるに至った最も大きな動機として、経済的な理由があったのである。

二　実業家としてのマラーノ

１　金貸し業から通商・金融のプロへ

先に述べたように、隠れユダヤ教徒「マラーノ」の宗教史の第二期、すなわち、一四九七年から一五九八年までの一〇〇年間、彼らはスペインとポルトガルで勢力のある独自の身分を形成し、独自にイタリア、北アフリカ、そしてトルコといった外国のユダヤ教徒と連絡を取り合っていた。

この第二期以降の時代において、マラーノを取り巻く社会的・経済的環境はどのような変貌を遂げたのだろうか。

レイモンド・P・シェインドリンは、①十六世紀初頭からの経済構造の拡大でそれまで侮蔑の対象になっていた金貸し業が一躍有望な投資の対象に変化し、上昇の手段を与えることになった点、②十七世紀における商業主義・資本主義の拡大で、経済的な豊かさが優先され、宗教的な事項は二の次になった点、③さらに十八世紀以降は金融と投資に関するプロとなった一部のマラーノが各地をつなぐ国際的なネットワークを形成していった点を挙げる（シェインドリン ２００３：１６７頁）。

十六世紀後半以降、西欧社会のマラーノに対する姿勢は国によりさまざまであった。一五七九年、現在のベルギー、オランダ、ルクセンブルク地方は、カトリック・スペインから自らを解放し信教の自由を獲得した。一方、その翌年、ポルトガルはスペインに併合され、ポルトガルのそれまで比較的寛容だった異端審問所は一転して隠れユダヤ教徒をを厳しく追及し始めた。

そのため、ポルトガルのマラーノの多くがアムステルダムに向かい、さらにこれにスペインのマラーノの流れが後に加わった。プロテスタントのオランダ人が信教の自由を認めたことに加え、オランダが新しい商業の中心地として発展し始めたからである。

こうして、アムステルダムが最高の繁栄を極めた十七世紀には、多くのマラーノが集まり、また特に豊かな生活を繰り広げたため、アムステルダムはまさに安住の地となった。彼らはアムステルダムでユダヤ教に復帰し、ユダヤ人共同体を構えた。アメリカ大陸への初期の移民は彼らのなかから始まっている（市川　２００９：１３２頁）。

マラーノの特徴として挙げられるのは、彼らが商業的な知識やネットワークゆえに歓迎され、経済発展に寄与したことである。彼らの一部は、東、西インド会社に投資を行い、自ら南米のスリナム、キュラソー島、ブラジルなどはるか遠くまで進出した。十七世紀後半になると、アムステルダムのマラーノは新しいシナゴーグを建設する許可も得ることができた（シェインドリン　２００３：１７９頁）。

このように、近代資本主義の勃興期において、マラーノ、すなわちスペイン出身のユダヤ人実業家たちが通商と産業の発達にきわめて重要な貢献をしたことに関して、ノーマン・Ｆ・キャンターは「ユダヤ人の実業家たちは、近代初期における国際的な重商主義の（国家が支配する）資本主義の勃興に大きな役割を演じた。とくに中央ヨーロッパおよびアドリア海沿岸地域の資本主義の勃興には、明らかにセファルディ的ないしマラーノ的要素がみられる」と指摘する（キャンター　２００５：２５６頁）。ここでいうセファルディ（Sephardi）とは、スペインとポルトガルに居住していたユダヤ人の子孫を指し、重商主義（mercantilism）とは、貿易などを通じて貨幣や貴金属を蓄積することにより国富を増すことをめざす経済思想や経済政策を指す。

２　近代資本主義の興隆とマラーノ

オランダで成功したマラーノは、清教徒（ピューリタン）革命後のイギリスにも移住し、イギリスの商業活動の振興にも寄与した。このように、十七世紀のオランダとイギリスにおいて、商業活動に関する差別が撤廃されると、マラーノは初期資本主義の担い手として近世ヨーロッパに登場した（石田 ２０１３：２８３頁）。

近代資本主義の興隆の原因について議論する際、通常、カール・マルクス、ヴェルナー・ゾンバルト、マックス・ヴェーバーの理論の相違を分析する必要があるといわれる（トリヴェッラート ２０２２：81頁）。以下では、その基本的な論点を掲げるにとどめる。

ヴェーバーは十六世紀の宗教改革から繙《ひもと》き、宗教改革の主要な人物であったルターの「天職概念」の影響、さらにはそこから生み出されたカルヴァン派の宗教的精神、とくにイギリスのピューリタニズムに近代資本主義の原動力となった「資本主義の精神」の源泉を見い出すに至った（伊藤 ２０１８：20頁）。

「プロテスタント倫理」やカルヴァン派の「救いの不安」などの宗教的概念が勤労と蓄財を鼓舞したと捉える見解である。ルターの「天職概念」とは、各人の具体的な職業は神の導きによって与えられた使命（天職）であり、この具体的な使命を果たさなければならないという思想であった。この考え方が、資本主義的天職概念に結びつき、資本主義の発達に大きく影響したというのである。ヴェーバーなどの研究者は、この天職概念や禁欲主義を資本主義の発生の鍵と考えた。

これに対し、ゾンバルトは、ユダヤ人（ユダヤ教徒）を資本主義制度の創始者であると主張する。彼はその著『ユダヤ人と経済生活』（１９１１年）で、中世の封建制のキリスト教共同体は近代資本主義に移行して、ユダヤ的な利益社会となったと問題提起する。

国際的なネットワークを持つユダヤ人は地域的な伝統よりも経済合理性を重んじ、また市民権が剥奪されていたので政治でなく経済に注目し、近代資本主義の重要な担い手となったという見解である。ゾンバルトは、近代合理主義を推進したのはヴェーバーのいうようなプロテスタンティズムでなくユダヤ教であるとした。資本主義とユダヤ教の本質は、貨幣によって表現され、貨幣と流通は社会関係を抽象化し、抽象化の精神はユダヤ人に具体化されるとする考え方であった。

このようなヴェーバーやゾンバルトなどの見解に対して、ポール・ジョンソンは異論を唱える。近代資本主義の勃興は、宗派の信条というよりは、むしろ「移動」こそが近代資本主義が成立した地域、イギリス、オランダ、ドイツ、北アメリカ等で見られる共通項であるという指摘である。彼は以下のように述べている。

ユダヤ人を取り巻く状況は絶えず変化した。彼らは民族の歴史を通じて始終移動していた。見知らぬ土地に逗留していたユダヤ人は移民のエキスパートであった。彼らは絶えず変化する状況下で何世代も経るうちに、多くの移住の技術、とくに財産を一カ所に集め危険が訪れたら移住先ですぐに別のものに交換できるようにする技術を完成させた。そして、彼らの商取引や技能、民俗文化、法が相まって、ユダヤ人の創造的機動性を助長した（ジョンソン１

999a：409～410頁）。

3　ユダヤ人の企業家精神

ユダヤ人は資本主義勃興にとともに実力を蓄え、各方面で活躍するようになり、しっかりと蓄財した。とりわけドイツから東の地域においては、「宮廷ユダヤ人」と呼ばれ、それぞれの貴族たちと結びついていた。そこで富を蓄えたユダヤ人たちが初期段階の商業資本主義を担うことになったのである（臼杵 2020：30頁）。

移民のエキスパートとしてのユダヤ人の創造的機動性や革新精神を強調するポール・ジョンソンの論考を要約する（ジョンソン 1999a：410～411頁）。

・中世のユダヤ人は都市生活に必要な技量や通商・金融の手腕に長けていたが、周囲のキリスト教徒がそれを次第に吸収していった結果、ユダヤ人は社会的にも経済的にも用済みとなり、立ち退きを命じられたり差別を受けた。その場合、彼らは自分たちの技量がまだ役に立つ低開発地域に行くか、あるいはもう一つの選択肢としてさらなる新機軸を生み出すことが考えられた。

・ユダヤ人には新基軸を生み出す才能もあり、常に競争者たちの一歩先を行った。彼らは既存の方法の効率を上げることによって歩合や値段を下げたり、全く新しい方法を編み出したりしたのである。

・彼らはユダヤ教を通して合理化の精神を学んでいた。資本主義は、どの段階にあっても合理化によって、既存の方法に残る混沌とした部分を改良することで進歩してきた。

ここでいう「合理化」は、「革新と改良」と言い換えることができる。このような合理化はユダヤ人の得意とするところであったという意味で、ユダヤ人が資本主義を押し進めていったのは自然な成り行きであったと、ポール・ジョンソンは指摘する（同 ４１１頁）。

このように、ユダヤ人は経済に対してさまざまな貢献を果たし、とりわけ新機軸を導入したり、先進的な試みを行う精神を培った。現代流にいえば、革新的な企業家精神（アントレプレナーシップ、entrepreneurship）があったのである。

以上に述べた資本主義の勃興と宗教的要因というテーマは、近代産業社会とユダヤ人の相関関係を探るうえで重要な課題であり、さらに体系的な検討の余地があることは言うまでもない。

三　宗教改革、反宗教改革とマラーノ

１　反カトリック勢力の出現を歓迎

一五一七年にマルティン・ルター、ジャン・カルヴァンらによって始められた宗教改革（反カトリック運動）から西欧近代が始まる。宗教改革後、カトリック教会はヨーロッパ北部でプ

ロテスタントに改宗した膨大な数の人々（その大部分は王子や国王が改宗したために、しかたなく改宗させられた）に対処しなければならなかった。

ユダヤ人にとって宗教改革とは何だったのか。

宗教改革は、カトリック教会に抵抗する新たな勢力の出現を意味し、聖書に権威を置く新たなプロテスタントの登場であった（黒川　２０１８：２３２〜２３３頁）。ルター派、カルヴァン派、そして再洗礼派というプロテスタントの教派分裂の状況と個人主義的傾向は、中世カトリックの支配を崩し、カトリック教会対プロテスタントの図式を基本とする新たな歴史の段階に移行した。

さらに、原典により聖書を読んでいく聖書研究が奨励され、旧約聖書も原語（ヘブライ語）で読まれることにつながった。旧約聖書はユダヤ教の正典でもあり、それがユダヤ人への一定の尊敬につながった面がある（同）。

宗教改革によって、ユダヤ教の信奉者であるマラーノの運命は大きく左右された。カトリック対ユダヤ人の図式が変化したからである。プロテスタントが現れたことで、彼らは大きな恩恵を受けた。カトリック一教独裁の社会は夢となり、ユダヤ人の大敵だったカトリック修道会がヨーロッパの随所で崩壊に至ったからである（ジョンソン　１９９９ａ：４０１〜４０２頁）。

マラーノは宗教改革初期の頃から、ルターやカルヴァンを支持し、ルター訳聖書を大量にフランドル地方やゼーラントへ密輸していると非難されたこともあった。また異端審問所に当然厳しく敵対してきた彼らが新しい反教皇勢力を喜んで受け入れたことは十分可能性のあることだった（ハイマン　２０１３：１３２頁）。このように、マラーノは当初、宗教改革を歓迎した。宗教改革によって敵であるキリスト教が分裂したからである。

２　反ユダヤ主義に転じたルター

ところで、宗教改革の当事者であるルター自身はユダヤ人をどのようにみていたのだろうか。ルターはその生涯の前半、すなわち、宗教改革運動の初期においては、カトリック教会批判の理由のひとつにそのユダヤ教徒迫害を挙げていた（シェインドリン　２００２：１７２頁）。

そして、教会の腐敗・堕落を批判し、教皇の権威を否定するためにユダヤ人に助力を求めた。一五二三年に書いた『イエス・キリストは生まれながらのユダヤ人であること』という小冊子の中で、今やユダヤ人がキリストを受け入れない理由はまったくないと述べ、ユダヤ人が集団改宗するのを心待ちにしたといわれる（ジョンソン　１９９９ａ：４０３頁）。

そして「もしユダヤ人がていねいに扱われ、聖書を教えられたならば、多くの者が立派なキリスト教徒になるであろうことを期待している」と述べ、ユダヤ人を迫害する宗教勢力を批判したのである（黒川　２０１８：２３３〜２３４頁）。

マルティン・ルター。宗教改革は16世紀、ローマ・カトリック教会を批判したルターに始まる。当初はユダヤ人迫害を批判するが、最終的に反ユダヤに転じた

しかし、ルターは最終的にはユダヤ人に対する態度を硬化させ、ユダヤ人を「守銭奴と高利貸しはこの世で悪魔の次に憎むべき敵」であるという過激な言葉で批判するに転じる。ユダヤ人が彼の福音主義キリスト教に改宗しないことを知ったからである。

ルターによるユダヤ教徒に対する攻撃の象徴的な事例が、一五四三年、ヴィッテンベルクで刊行された『ユダヤ人とその虚偽』と題する小冊子であった。

ルターはここで、「ユダヤ教徒のシナゴーグと家を破壊し、そこに住む者を一つ屋根の下か馬小屋にでも押し込み、彼らにこの地の支配者ではないことを思い知らせるべきだ、財産を没収し、強制労働に駆り出し、額に汗して自分の食べるパンを稼ぎ出させるべきだ」と述べ、最終的には永遠に追放すべきだという強い排除の論理に転じたのである（ジョンソン　１９９９ａ：４０３頁）。

ここで留意すべきは、この小冊子は、現代的な意味における反ユダヤ主義の萌芽、あるいはホロコースト（ナチスによるユダヤ人の大量殺戮《さつりく》）への布石と呼べるような著作であったことである（黒川　２０１８：２３４〜２３５頁）。ルターは、ユダヤ教徒は反キリストの側に立つ者であり、抹殺されて然るべき存在と位置づけたのである。そしてキリスト教徒にユダヤ教徒に対する憎しみを植え付けるとともに、ユダヤ人をドイツ各地から排除する動きを支持する行動に出た。

このように、プロテスタントという大宗派の生みの親として知られるルターが、宗教的マイノリティの弾圧者となったのである。彼の反ユダヤ主義はユダヤ人の強制収容と強制労働、シナゴーグや家の破壊・焼き討ち、「トーラー」や「タルムード」の教師であったラビによる教育の停止策など、壮絶を極めた（小滝 １９９８：２３６頁ほか）。

３　一枚岩ではなかったプロテスタンティズム

しかし、宗教改革者たちのユダヤ観は、ルターの激しい反ユダヤ主義、カルヴァンの静かな反ユダヤ主義から宗教改革者フリドリヒ・ツヴィングリとヴォルフガング・カピトの神学的な親ユダヤ主義まで多種多様であった（甚野・踊 ２０１４：３９６頁）。プロテスタンティズムは一枚岩ではなかったのである。

ツヴィングリやカピトは、ユダヤ人迫害に一貫して強く反対した。たとえば、カピトは「神への畏れ」（timor Domini）ゆえに律法を守るユダヤ人はすでに救済の途上にあり、彼らの魂には「祝福の種子」（semen benedictions）が備わっている。彼らは選ばれた民であり、他の異教徒とは異なると考えていた（同 ３９４頁）。

一方、カルヴァンはルターと異なり、ユダヤ人に対して好意的であり、反ユダヤ主義はほとんど見られなかった（ジョンソン １９９９a：４０４頁）。

カルヴァン派が信仰の合理化、金銭利欲の肯定、現世志向を主な特徴とし、ユダヤ教と共通する特徴を持っていたからであり、理由の一つに、利子を取って金を貸すことにカルヴァンがどちらかというと賛成していたという点がある。彼は著書の中でユダヤ教徒の主張を客観的に伝え、ルター派の敵からユダヤ化していると叱責されたほどであったといわれる（同）。

このように、カルヴァンの高利貸しに対する見解は、ルターと異なっていた。すなわち、高利貸しを咎《とが》める信仰的な証明はどこにも存在しない。なぜなら、人々が最も明白と見なしている「何も当てにしないで貸しなさい」というキリストの言葉はこれまで曲解されてきたからであるというのが、カルヴァンの考え方であった（黒川　２０１８：２３５頁）。

この「何も当てにしないで貸しなさい」の典拠は、新約聖書の「しかし、あなた方は、敵を愛し、人によくしてやり、なにも当てにしないで貸しなさい。そうすれば、たくさんの報いがあり、いと高き方の子となる。いと高き方は、恩を知らない者にも悪人にも、情け深いからである」（「ルカによる福音書」六章三五節、聖書協会共同訳）の言葉であった。

４　反宗教改革運動の中で攻撃対象に

宗教改革によって、ローマ・カトリック教会によるヨーロッパの統一が崩壊すると、ヨーロッパには教会分裂が起こり、いまやユダヤ人はヨーロッパに居住する唯一の「異教徒」ではなくなった（石田　２０１３：２８１頁）。

ローマ・カトリック教会は十六世紀、宗教改革に対抗するために、カトリック教会の立て直しを迫られた。それは具体的に、一五四五年に招集されたトレント公会議の開催と新たな聖職者集団であるイエズス会の承認という形で表れている。この宗教改革運動に対するローマ・カ

反宗教改革運動の一環として、トレント公会議が1545年に開催され、1563年まで続いた。プロテスタントの攻勢に対して、カトリックの反撃が始まった（出典：『ライフ人間世界史　宗教改革』1967年）

トリック教会側からのこの運動は、「反宗教改革」「対抗改革」「カトリック改革」の名で呼ばれた。

この反宗教改革の行動上の主目的として挙げられるのが、ヨーロッパにおけるカトリックの失地回復と世界布教、すなわち、外国の異教徒への伝道であった。カトリックの異教徒に対する「精神的征服」もこの目的に沿って促進された。

中世において、教皇はローマ教会の方針の遂行者として、ユダヤ人に対してわずかながらも寛容さを示し、彼らの守護者として振る舞った。さらに十六世紀初頭のルネサンス時代においては、人文主義の影響を受けた教皇は、イタリア各都市を支配していたフィレンツェのメディチ家やマントバのゴンザガ家、フェレラーラのエステ家のような有力な一族がユダヤ人を庇護していたこともあり、特にユダヤ人に対しては好意的な態度を示していた（シェインドリン２００３：１７３頁）。

このように、カトリック教会は、従来、ユダヤ人を利用しつつも保護するのが慣例であったが、反宗教改革の必要に迫られた教皇は攻撃対象としての宗教的逸脱者の中にユダヤ人を含めたのである。

この反宗教改革によって、ユダヤ人をめぐる状況は具体的にどのように変化したのか。

反宗教改革運動の中で、一五四一年にスペインのイグナシオ・デ・ロヨラらによって創設されたイエズス会は、ユダヤ人に対し改宗を迫る運動を繰り広げた。一五五五年、教皇パウロ四世の時代になると、ユダヤ教にはキリスト教信仰を脅かす致命的影響力があるとし、ローマとイタリア国内のユダヤ人全員を隔離居住区・ゲットーへ囲い込むと同時に、アンコーナではマラーノの粛清を行い、二十五人のマラーノを公衆の面前で火炙りに処した（同）。

ヨーロッパ各地に押し寄せた反宗教改革のうねりの中で、ユダヤ人は不穏分子と見なされたのである。とくにマラーノとなったユダヤ人はそうであった。さらに、反宗教改革という環境下で、イベリア半島を逃れてイタリアに入り、再びユダヤ教に戻ったマラーノに異端審問所の監視の目が向けられた。

このように、プロテスタントのルターとは別に、十六世紀以降、カトリック教会の側でも、ユダヤ人への迫害と差別が強化された。宗教改革と反宗教改革の嵐の中で、マラーノはカトリックのみならず、プロテスタントにも敵視され、差別・迫害を受けたのである。宗教改革と反宗教改革、そして相次ぐ宗教戦争の結果、ヨーロッパの密集地は踏みにじられ、ユダヤ人の共同体も四散を強いられた。

先に述べたように、イエズス会は創設時の誓いのひとつに世界布教を掲げた。ここからフランシスコ・ザビエルら宣教師が東方へ旅立ち、日本布教に着手し、日本のキリシタン時代が到来することになる。そこでは、キリスト教が異端の宗教としてやがて迫害を受け、隠れキリシタンの発生という道を辿ることになる。

四　その後のマラーノ ―近代国民国家におけるユダヤ人解放―

1　ゲットーからの解放

中世はユダヤ人（ユダヤ教徒）にとって、ゲットー（強制隔離したユダヤ人居住区）に代表される迫害の時代であった。そして十七、十八世紀以降も、全ヨーロッパ、北アフリカ、そしてアジアのいくつかの国々で宗教民族共同体として存続し、ユダヤ人は基本的にこのユダヤ教の自治社会のなかでのみ生きることができた。

西欧近代のユダヤ人に起こった歴史的事件は、ユダヤ人解放であった。ここでいう解放（emancipation）とは、ユダヤ人が、ゲットーに隔離された状態で居住していた境遇から、ユダヤ教を信仰する自由を手にして西欧市民社会の市民権を獲得したことを意味していた。

中世的なゲットーへの閉じ込めからの解放、法律上・政治上の不利な条件からの解放が始まったのは、一七九〇年代の進歩的な革命期のフランスからであり、ユダヤ人の解放および他民族との平等性の概念がヨーロッパ全土に広まった（キャンター　2005：314頁）。

その意味で、中世がマラーノ追放やゲットーに代表される負のイメージの時代であるなら、近代の到来はユダヤ人解放にかすかな希望を告げる幕開けであった。

それは、まずスペインから独立した新教徒（プロテスタント）の国、オランダで始まった。先に述べたように、イベリア半島からオランダに移住したマラーノは、それまでの仮面をかなぐり捨てて、公然とユダヤ人たることを宣言した。押し付けられた強制改宗に対してユダヤ教徒に戻ることで応えたことになる（小滝　1998：252頁）。

以下に掲げるのは、一九七一年のフランス革命を皮切りとした各国のユダヤ人解放令公布の略年表である（臼杵　2020：166頁）。

一七九一年　フランス
一七九六年　オランダ
一八三〇年　ギリシャ
一八三二年　カナダ
一八三九年　オスマン帝国
一八五六年　イギリス（最初は一七五三年、すぐに廃止）
一八六一年　イタリア
一八六七年　オーストリア＝ハンガリー帝国
一八七一年　統一後のドイツ（都市で異なり、フランクフルトは一八四八年）
一八七四年　スイス

一八七八年　ブルガリア、セルビア
一九一〇年　スペイン
一九一七年　ロシア帝国（＝ソ連）

ここから明らかなように、最初にユダヤ人解放令を出したのはイギリスであった。しかし、これはすぐに取り消されてしまったことにより、フランス革命時に解放令を出したフランスが実質的には最初の国となった。

以下では、近代西欧におけるユダ人解放の先行的事例としての十八世紀イギリスのユダヤ人解放、フランス革命期におけるフランスのユダヤ人解放のプロセスを見ておこう。

２　十八世紀イギリス、フランスにおけるユダヤ人解放

ユダヤ人解放が、十八世紀イギリスで発生した背景の一つとして、マラーノがオランダ社会で確固たる地歩を築いていたことが挙げられる。オランダは、当時、アジア進出に向けた重商主義の段階に入っていた。首都アムステルダムは世界交易の中心地となり、オランダ東インド会社はその中核を担っていた。先に述べたように、この動きの中でマラーノも重要な役割を果たし、オランダ社会に確固たる地位を占めていった。

イギリスでは、十七世紀後半のチャールズ一世の時代になり、マラーノの入植によって活況を呈したオランダの情勢が、清教徒革命（ピューリタン革命、一六四九年）の指導者で初代護国

卿（Lord Protector）となったオリヴァー・クロムエルなどに影響を与えたのである。

その結果、一二九〇年のエドワード一世によるユダヤ人の一斉追放以来長く続いた政策を変更し、門戸開放が実現する。清教徒の旧約聖書に対する尊敬の念とユダヤ人の経済力が国益にかなうというクロムエルの現実的判断が、寛大な政策への転換を導いたのである（市川 2009：132頁）。

一六五〇年、アムステルダムのラビ、メセナ・ベン・イスラエルはイギリス国会に対して、ユダヤ人の入国を認め、ユダヤ教信仰を公に許可するよう請願した結果、非公式ではあったが、ロンドンに小規模なセファルディ系の社会をつくることが認められた（シェインドリン 2003：181頁）。

ユダヤ人に正式にイギリスへの帰還と居住を認めたのである。このように、当初、ユダヤ人解放が行われたのはイギリスであったが、イギリスの場合、ユダヤ人解放令がすぐに廃止されるという事態になり、実質的にはフランスが最初となった。

なぜフランスでユダヤ人解放令が出されたのか。

ユダヤ人解放の実質的な先鞭をつけたのは、フランス革命であった。一七九一年、フランス国民議会は、「すべての人は法の下に平等」という人権宣言に基づき、ユダヤ人に市民としての権利と宗教の自由を完全な形で与えることを決定した。それまではユダヤ人はフランス社会の外部の人間と位置づけられてゲットーに押し込められていたが、この解放令によって市民権が与えられたのである。つまりキリスト教徒と平等になった。解放されたユダヤ人が所属するところは、新しく革命によって成立した国民国家という主権国家であった。

そして、将軍ナポレオンは、フランス政府を引き継ぐと、ユダヤ人解放をさらに進めた。一八〇六年、彼はユダヤ人有力者の会議を招集し、その翌年には、伝統的にユダヤ民族による統治の最高機関であったサンヘドリンを再興した。それ以来、フランスのユダヤ人共同体は行政の一機関のように組織された（シャーボク　２００５：82頁）。

フランスにおけるユダヤ人解放の特徴として、ノーマン・Ｆ・キャンターは、「解放はフランスの自由主義的文化への同化、フランス革命のイデオロギーを唱道することを意味した。ユダヤ人はその独自の宗教を保持することはできたが、内密に保持できたに過ぎなかった。政治的にも文化的にも法律上も振舞い・行動の点でも、まったきフランス人でなければならなかった」と述べている（キャンター　２００５：３１５頁）。

次の一世紀間、最初はドイツから、一八八〇年以降はポーランドから何千人という移民が加わり、三〇万を超えるユダヤ系フランス人からなる共同体が形成された。彼らは繁栄し、学歴も身につけ、一九〇〇年にはほとんどすべての者がフランスの国民文化に完全に同化していた（同）。

３　十九世紀以降の反ユダヤ主義

近代以降のユダヤ人の歴史を見るとき、ユダヤ人解放がフランス革命に代表される十八世紀末〜十九世紀初頭の象徴的な動向であるとすれば、十九世紀末から始まるヨーロッパの動向は明らかに反ユダヤ主義の動きを示していた。

先に述べたように、反ユダヤ主義はユダヤ教徒およびユダヤ人への敵意、憎悪、偏見を意味する語であり、宗教的な理由によるもの（呪われた教えを信じる民）と人種的な偏見によるもの（呪われた血の所有者）としての迫害であった。

十九世紀以降の反ユダヤ主義の特徴として、宗教的理由に基づく迫害から人種的偏見に基づく迫害への転換が挙げられる。ユダヤ人は「セム人種、Semites」と呼称され、「崇高な」アーリア人（ゲルマン人）の血の純潔を汚す存在と見なされていった（小滝　１９９８：２５６頁）。セム人種とは、西アジア・アラビア半島・北アフリカなどに分布し、セム語系の言語を用いる諸民族の総称であり、アラブ人・エチオピア人・ユダヤ人などを指す。

この人種的偏見に基づく反ユダヤ主義への転換は、ドイツにおいてまず起こり、次いでヨーロッパ全体に広がっていった。そして、それは第二次世界大戦期のナチス・ドイツにおいて最高潮に達した。この反ユダヤ主義はやがてナチ党を生み出し、その二〇年後にはヒトラーのユダヤ人撲滅作戦にまで発展して、ユダヤ人大虐殺という凄惨な結果を招いたことは、歴史の語る通りである。

端的に言えば、これが、中世以来延々と続けられたユダヤ人迫害問題の最終局面だったのである。ヒトラーの主著『我が闘争』には、「純潔な血を持ち文明の真の担い手たるアーリア人」対「呪われた血を持ち純血種を犯そうとするユダヤ人」というユダヤ人への激しい扇動的罵声が飛び交っていた。

ここで留意すべきは、十九世紀以降の人種に基づく反ユダヤ主義への転換以降も、ユダヤ人をめぐる状況は、変転を極めたことである。

十八世紀後半から十九世紀後半にかけて広がったユダヤ啓蒙主義運動（ハスカラー運動）とユダヤ教改革派の発生、十八世紀に東欧で発祥したユダヤ神秘主義の運動（ハシディズム）の登場、十九世紀末にユダヤ人の中に高まったユダヤ人国家建設運動（シオニズム）、第二次世界大戦期のナチスによるホロコースト、大戦後の二〇〇〇年にわたる祖国喪失の歴史を終えてのパレスチナにおけるユダヤ国家の建設など、ユダヤ人はダイナミックな変化を経験する。

下表は、古代から近代におけるユダヤ人迫害について、発生時期・場所、迫害事件、迫害の程度をまとめたものである。

これらはユダヤ教徒の歴史・信条・実践を理解

迫害時期・場所	迫害事件	迫害の程度	迫害原因
古代ヘレニズム朝	エピファネスの迫害	◎	宗教
古代ローマ帝国	ユダヤ人への圧制	◎	政治　宗教
中世西洋	十字軍による迫害	◎	宗教
中世西洋	黒死病の責任	◎	宗教
中世後期スペイン	ユダヤ人追放令	◎	経済　宗教
近代ロシア	ポグロム	◎	経済　政治
近代ドイツ	ホロコースト	◎	政治　経済
近代フランス	ドレフュス事件	△	政治
近代イギリス	南ウェールズ暴動	×	経済
近代米国	レオ・フランク事件	×	経済

（出典：黒川知文『ユダヤ人の歴史と思想』297頁に基づき作成）

し、それらが及ぼす政治的・宗教的影響を把握する上で欠かすことのできないテーマであり、その詳しい検討は残された課題である。

第2部

隠れキリシタンの系譜

――「宣教時代」から「迫害・潜伏時代」への変容過程――

＊第5章　日本における宣教と禁教・潜伏

一　日本キリシタン史のダイナミズム

1　布教・弾圧と殉教・改宗・潜伏へのプロセス

第1部で取り上げた隠れユダヤ教徒が誕生した時代は、中近世スペイン・ポルトガルが「一国・一民族・一宗教」という統治構想を掲げ、実践した時代であった。そこには、生命・財産を守るために棄教という形をとりつつ、形式的にキリスト教を受け入れた隠れユダヤ教徒「マラーノ」たちの信仰世界があった。

日本のキリシタン史は、ヨーロッパにおける反宗教改革（カトリック改革）の中で、世界布教をめざしたカトリック教会の日本布教に始まり、織田信長の支援、そしてキリシタン大名領国の形成と集団改宗、豊臣秀吉による伴天連追放令、徳川家康による禁教令、その後の徳川幕府による弾圧と迫害にキリシタンが棄教・潜伏を強いられるというダイナミックなプロセスを経た。

スペイン・ポルトガルのユダヤ教徒が反ユダヤ暴動、強制改宗あるいは殉教・虐殺、海外への拡散という複雑かつ多様な人生を歩んでいたのと同時期に、日本のキリシタンは武家統一政権下における厳しい弾圧下で、殉教・改宗・潜伏を余儀なくされていたのである。

先に述べたように、隠れユダヤ教徒「マラーノ」は、カトリック・キリスト教への転宗を迫られたユダヤ教徒が、洗礼を受け「誠実な」キリスト教徒になりながらも、ユダヤ教信仰を守り続けたり、ユダヤ教に復帰し、隠れユダヤ教徒化した。これに対し、日本では、仏教への転宗を迫られたキリシタンが棄教に追い込まれる一方で、潜伏を経ながらキリスト教信仰を維持した。彼らの場合、仏教への転宗は「転び」、キリスト教への復帰は「立ち帰り」と呼ばれた。

日本にキリスト教の種を蒔いたイエズス会は、一五三四年に創設された修道会である。この設立メンバーの一人が、一五四九（天文十八）年、日本布教をめざして鹿児島に上陸したフランシスコ・ザビエルである。

ザビエルと彼の後継者は、当時日本を統一しようとする覇権争いの渦中にあった武将、織田信長から支援を受け、結果的に多くの信者を獲得した。しかし、信長の後継者、豊臣秀吉は伴天連（宣教師）の存在が日本統一の制約条件になると考え、伴天連追放令を公布した。そして徳川家康以降の武家政権はキリスト教および外国との接触を排除し、仏教・神道を公的宗教として制度化した。

一方、天下統一後の禁圧政策下で、キリシタンは数多くの殉教者・棄教者を生み出しながら、信仰を続けつつ一般社会に溶け込み、潜伏した。そして数世代にもわたってその信仰を受け継いでいく隠れキリシタンを生み出した。

2 時代区分―「宣教の時代」と「弾圧・潜伏の時代」―

第2部は「宣教の時代」、「弾圧・潜伏の時代」のそれぞれにおける統一政権、とくに幕藩国家の反キリスト教思想を梃子にしたキリシタン禁制政策の推移、そしてキリシタンが潜伏を余儀なくされる過程をを跡づけることが課題である。

日本キリシタン史の時代区分は、以下のように、研究者において異なる（中園 2018：22～25頁）。

・田北耕也（『昭和時代の潜伏キリシタン』一九五四年）
「当初布教が許された時代」（一五四九～一六三八年）―ザビエル来航から島原の乱の終結まで
「禁令のもとで潜伏を余儀なくされた時代」（一六三八～一八六五年）―島原の乱の終結から信徒発見まで

「再布教開始以降」（一八六五年〜）―信徒発見から現代まで
・宮崎賢太郎（『カクレキリシタン』二〇〇一年）
「キリシタン時代」（一五四九〜一六四四年）―ザビエル来航から最後の宣教師の殉教まで
「潜伏時代」（一六四四〜一八七三年）―最後の宣教師の殉教から、禁教令の撤廃まで
「復活時代」（一八七三〜年）―禁教令の撤廃から現代まで
・中園成生（『かくれキリシタンの起源』二〇一八年）
「キリシタン時代」（一五四九〜一六一四年）―ザビエル来航から、幕府の禁教令発令まで
「禁教時代」（一六一四〜一八七三年）―禁教令発令から、禁制高札撤廃まで
「復活時代」（一八七三年〜）―禁制高札撤廃から現代まで

本書では、これらの先行研究を踏まえつつ、①反宗教改革運動の中で行われた東方布教の一環としての「日本宣教前史」、②これに続く「宣教の時代（Missionary Period）」、③本格的なキリスト教弾圧下での「弾圧・潜伏の時代 Oppression and Hiding Period)」の三つの時代を設定する。

「宣教前史」に続く「宣教の時代」は、ザビエルが来日した一五四九（天文十八）年から始まり、その後の豊臣政権、徳川政権によるキリシタン禁制、そして鎖国令に至るまでのおよそ一〇〇年間である。この一〇〇年間は「日本のキリシタンの世紀」と呼ばれている。

一方、「弾圧・潜伏の時代」は、本格的な宗教弾圧下でのキリシタン潜伏の時代である。カ

トリック神父が国内から去り、キリシタンが殉教・潜伏を迎える時期である。一六四四（正保元）年、宣教師小西マンショの殉教という一人の指導者もいない信徒だけの時代に入り、一八七三（明治六）年、明治政府によるキリシタン禁制の高札撤去までの約二三〇年間である。

本書では、「宣教の時代」、「弾圧・潜伏の時代」のそれぞれを、以下のように「開教・発展期」と「黙認・規制期」、「禁教・弾圧期」と「潜伏・崩れ期」という四つのステージ（段階）を設定する。

・宣教の時代Ⅰ：開教・発展期―日本人とキリスト教の出会い
・宣教の時代Ⅱ：黙認・規制期―布教黙認からキリシタン禁制への転換
・弾圧・潜伏の時代Ⅰ：禁教・弾圧期―国家的規模での宗教弾圧、迫害・殉教
・弾圧・潜伏の時代Ⅱ：潜伏・崩れ期―幕藩体制下の迫害の継続と潜伏・崩れ

二　日本宣教前史

1　世界布教を掲げたイエズス会

前章で述べたように、カトリック教会における反宗教改革運動の中で、イエズス会が一五三四年にパリで創設され、一五四〇年、教皇から認可された。

イグナシオ・デ・ロヨラがフランシスコ・ザビエルら七名の同志とともに設立した修道会であるイエズス会は、創設時の誓いのひとつに世界布教を掲げた。ここからザビエルら宣教師が東方へ旅立ち、日本布教に着手し、日本のキリシタン時代が到来する。

宗教改革の指導者、マルティン・ルターがいなければ、カトリックの宣教師は日本に来なかったかもしれないのである（若桑　２００３：１０５頁）。

一五四五年から六三年まで、中断しつつも断続的にイタリアのトレントでの宗教会議（トレント公会議）が開催された。この会議を招集した教皇パウロ三世はカトリック教会改革の必要性を痛感し、プロテスタンティズムに対抗するための新鋭の宗教集団としてイエズス会を公認しこれを支持した。

以後、イエズス会は、イエスのために戦う集団として、カトリック教会の世界布教、とりわけポルトガルの海外進出に伴った布教、インド、中国、日本、ラテン・アメリカへの布教を志向していくことになる。このことはポルトガルという国家と聖職者集団イエズス会が「政教一致」となって、カトリック布教を推進することを意味していた。

イエズス会は、全会員を指導する「総長」（初代はロヨラ）、東方布教に注力したイエズス会の重要な管区である（東）インド管区で「（東）インド管区長」、各地と総長を結び布教を擁護する「巡察師」によって運営された。一五九〇年代以降は、スペイン王国の保護のもとにあったフランシスコ会、ドミニコ会、アウグスチノ会も参入してきた。

このように、カトリック教会はスペイン・ポルトガル両国の海外進出の枠組みに乗って海外布教を進めた。

十五世紀半ばから始まるヨーロッパ人によるアフリカ、アジア、アメリカ大陸への大規模な航海が行われた時代（大航海時代）に先鞭をつけた両国は、ローマ教皇から発見地に対する管轄権（排他的特権）を認める教書を獲得し、同地における布教を推進すべく、カトリックの修道会と提携し、海外進出を進めた（清水 ２００１：18頁）。

宗教改革で蒙《こうむ》った失地回復のために、使命感に燃えた宣教師たちが両国の王室と結びつつ、布教に赴いたのである。この時期は、先に述べたように、十六世紀初頭のルターやカルヴァンのいわゆるプロテスタンティズムの「宗教改革」に対抗して、カソリシズムの復活運動、すなわち、「反宗教改革」「対抗宗教改革」「カトリック改革」が開始された時代であった。イエズス会は、プロテスタントの宗教改革に対する反宗教改革の大きな動きのひとつであった。

このように、日本のキリシタン史は、ポルトガルとスペインというイベリア半島の二つの国の、スペインの新大陸「発見」とポルトガルのインド航路開拓に代表される海外進出とともに進行したカトリック教会による海外布教の時代と同時期に当たる。日本へのキリスト教布教はヨーロッパにおける反宗教改革、イベリア両国のアジア・アメリカ方面への進出と大きく関わっていたのである。

2　ザビエルの来日と初期布教

一五四九（天文十八）年、イエズス会の中心メンバーの一人で、インド管区長フランシスコ・ザビエルによって日本に伝えられたキリスト教は、十六世紀後半～十七世紀初めに多くの信者を獲得した後、徳川幕府の禁教政策によって弾圧され、表向き一掃されるという劇的な展開をたどった。

「戦う教団」と言われたイエズス会は、ポルトガル王室からインド方面の布教を委嘱され、インド・マラッカなどで布教活動を行い、鹿児島へ第一歩を印した。当時の日本はいわゆる戦国時代であり、大乱世の中に日本のキリシタン史は始まることになる。

このザビエルがリスボンの宮廷の職務において、マラーノに救いの手を差し伸べる神の使徒ではなく、キリストのためと称して異教徒を薪の山に送ることもいとわぬカトリック絶対主義者ではなかったのかという問いを、小岸昭は提起する（小岸　２００２：66頁）。

そして、ザビエルがポルトガル・カトリック教会における異端審問所で取り組んだ「聖務」、すなわち、人間が生きたまま焼き殺されるという野蛮なショーの主催者側に身を置いていたことを踏まえて、彼の出自・来歴が「残酷な恐怖政治」に深くかかわっていたことは疑いないとして、次のように述べている。

イエズス会の創設メンバーのひとりであり、「日本布教のパイオニア」であるフランシスコ・ザビエルの銅像（写真は山口ザビエル記念聖堂）

世界規模の海洋帝国を築いた後のポルトガルには、露骨な軍事的拡張主義からの転換が求められていた。強力な世継ぎもなく、経済的にも斜陽の時代に入りつつあった当時のアヴィス王朝は、国外においては宣教活動を、国内においては異端審問所の活動を積極的に推し進めようとしていた。この二つの発動を推進することは、偶像崇拝のインドをキリスト教に一元化しようとするジョアン三世の政策も、ポルトガル国内の異端者をことごとく狩り出そうとする大審問官ドン・エンリケの十字軍精神も、ザビエルのキリスト教普遍主義と一致するものであった（同 67頁）。

ここから「日本布教のパイオニア」であるザビエルが、イベリア半島や前任地のインドでは、異端者に対する加害者の立場に立っていたということが見えてくる。

東洋布教という新しい使命をおびたザビエルの日本における足跡としては、鹿児島における領主島津貴久と謁見して布教許可を得、また同氏の菩提寺である福昌寺の東堂の忍室《にんじつ》と親交を深めたこと、さらにポルトガル貿易を望む平戸領主松浦隆信や山口領主大内義隆に謁見したことがある。一方、当初の目的であった天皇に謁見して布教許可を得ようとした試みは叶わなかった。予想に反して天皇には権力がなく、応仁の乱以降は京都が長期間にわたって荒廃していたことが分かったので、京都布教を断念した（浅見 ２０１６：42～43頁）。

ザビエルの後、宣教師が相次いで渡来してきた。キリスト教の布教と宗教的教育は、宣教師たちの慈善事業によって強化され、各地で教会・学校・病院などが設置された。

初期の宣教師たちは「天竺宗」の天竺人（インド人）として迎えられ、そのマリア崇拝はマリア観音の信仰として受け取られた。世界の大勢にほとんど無知であった日本人は必ずしも宣教師たちの背景にあるキリスト教やヨーロッパ文明を理解したわけでもなかったと考えられる。

彼らは鉄砲などの新しい産物を持ち込んでくれる人々として歓待され、そして最後には国内に今までなかったまったく新しい宗教の宣伝者として畏敬され、または憎悪されたのである。

日本布教後、十七世紀初頭には三〇万人を超える信者がいたといわれる。宣教師の記録では七〇万人という数字も伝えられているが、それは恐らく彼らの活動成果を誇張した数字であり、その半分程度というのが現在の研究者の共通認識である。

当時の日本の人口については諸説あるが、一五〇〇万人の説をとれば、人口の二％になる。ただし、この三〇万人という数字は、キリシタンの日本列島上のキリシタンの濃淡を考慮に入れない数字である。南方から来る外国勢力の窓口であった九州地域の比率は、もっと高くなるであろう。ちなみに、現在の日本のキリスト教徒の割合は一％弱といわれており、当時のキリシタンの急速な広がりには目を見張るものがある。

＊第6章　布教・発展から規制へ

一　開教・発展期

1　なぜキリスト教は受容されたのか

開教・発展期は、一五四九（天文十八）年八月、フランシスコ・ザビエルの来日によるキリスト教布教に始まる。キリスト教の日本伝来は、仏教の伝来以来、日本人が一〇〇〇年ぶりに経験した外来宗教、外国思想との接触であった。しかし、同じ外来宗教といっても、大きな違いがあった。

伝来のしかたを見ても、隣国の中国や朝鮮から来た仏教とは異なり、西欧の国から顔かたちの極めて異なる宣教師によって伝えられた宗教であった。積極的な布教の形態をとっているうえに、教えの内容も異質であった（鈴木　２０１７：37～38頁）。

　このように、キリスト教は仏教と違って、とりわけ異質性を帯びた宗教であった。なぜ、このように外来性だけでなく異質性も兼ね備えたキリスト教がわずか半世紀の間に、多くの日本人に受容されたのか。そこには、布教する側の要因と受容する側の要因があった。

　まず、布教する側の要因として、大航海時代のカトリック布教がスペイン、ポルトガルというイベリア両国が海外進出を行う際にその一翼を担う形で行われ、国家事業の一環として進められた点が挙げられる。この点について、高瀬弘一郎は「布教が自国の進出に荷担する役割を果たしている限りにおいて、宣教師は使命感を燃やし、その布教に新鮮な情熱を持っていた。日本布教について、布教が自国の利益につながるという意識を強くすればするほど、宣教師はその布教に情熱を抱いたといってよい。すなわち、キリシタン宣教師たちの間に祖国意識の高揚が認められる限り、それが彼らを精神的に支え、日本に対する布教熱をかき立てた」と指摘する（高瀬　１９７７：68～69頁）。

　一方、受容する側にとってもさまざまな要因が考えられるが、ここには、第一にキリスト教を受容した人々の宣教師の説くキリスト教の教義への共感と、第二にキリシタン大名による集団改宗（mass conversion）の各点が挙げられる。

　キリスト教の教義への共感の理由として、多くの論者は、以下のように、キリスト教が戦国時代を生きる人々にとって来世救済願望をかなえてくれる宗教であった点を挙げる。
・大勢の日本人は、初めキリシタン仏法、デウス仏あるいは天竺からの僧侶といったように、既存の仏教の一派の如くとらえ、とくに当時布教や慈善を怠っていた仏教の既成宗派に代わる他力本願・来世教として受入れ、鎌倉以来、日本人の間に深く浸透していた浄土信仰的な救済をそれに求めた（助野 1996：20頁）。

・ユーラシアの両端にある西欧キリスト教と日本との間に霊魂不滅思想という共通項があり、死後の世界はキリスト教における「天国（パライソ）」と「地獄（インフェルノ）」、日本仏教における「極楽浄土」と「地獄」と共通していた。この共通項を軸にして、日本人はイエズス会士の話を理解し、日本布教は進展した（安野 2011：36頁）。

ただ、信徒がどの程度まで、キリスト教を理解していたのだろうか。宣教師が神仏を信心することを過ちであると教え、魂を救済する唯一の神の存在を説いたにしても、アジア的汎神論の宗教的風土の中で生きてきたキリシタンたちがキリスト教的一神教を理解したかについては疑問が残る。

五野井隆史は当時の庶民信仰では、罪には現世の不幸災難ばかりでなく、未来永劫の苦痛の応報があると信じられ、また、来世の応報は地獄であると信じられていたとし、次のように述べている。

来世、すなわち後生における応報（地獄）思想をいかに克服できるかが大きな課題であり、貧しいキリシタンの多くがその貧しさから解放されるために減罪の行為として過酷なジシピリナ（キリストの受難を忘れぬために自らを鞭打つ苦行）を実践することによって救霊に近づくことができると信じ、来世（後生）における安らかな生を切に祈っていたと推測される（五野井　２０１７：25頁）。

彼らは人間の将来の運命は教会が教えるままに、「パライソ」に昇るか、「インフェルノ」に堕ちるかのいずれかと信じこんでいたようである。その結果、疑いなしに天国や煉獄、地獄の実在を感得していたに違いない。ある人びとは天上の至福を約束して痛苦に耐えよとの神の声を聴いたのであろう。

こうして、異国の宗教で一神教のキリスト教が、仏教寺院や天皇・公家層の反対と圧迫を受けながらも、短期間のうちに信者を獲得し，教勢を拡大することができた。

２　キリシタン大名による集団改宗

イエズス会は布教に際して、集団改宗（集団入信）の方法を用いた。はじめに領主・上級武士層という支配者の地位にある者を改宗させ、次いで家臣団や領民を改宗させるという大量改宗の方法であった。ここでは、一般の武士や庶民の信仰は自らの選択によるよりも、支配者の命令による場合が多かったのである。逆に領主が棄教を命ずれば、武士も領民も集団棄教（mass apostasy）をする結果ともなった。

戦国動乱の世相のなかで、戦国大名が等しく厳格な規律と統制を家臣や領民に強制したように、キリシタン大名はキリスト教倫理、すなわちキリシタンの掟を通じて封建的支配を強化し完全なものにすることができると信じて、キリスト教というまったく新しい道徳規範を持った信仰を受入れ、これを家臣や領民に強制していった（五野井 1990：24頁）。このように、集団改宗はキリシタン大名による領民統率の有効な手段でもあった。

先に述べたように、日本には十七世紀初期には三〇万人を超える信者がいたといわれる。社会が動揺して不安に満ちていた異常な時代であったにしても、このような大きな信者数は集団改宗をベースにしていたとみなければ十分に理解できない。

集団改宗の例として、信長政権下の一五七四（天正二）年、最初のキリシタン大名大村純忠が大村領で集団改宗を行い、大村全領がキリシタンになったことを挙げることができる。その結果、領内の長崎がキリシタン都市として発展を始めたのであり、教会領長崎の成立においてこの強制改宗が利用されたとして、安野眞幸は以下の各点を指摘する（安野 1989：69頁）。

- 大村純忠は一五八〇（天正八）年、長崎をイエズス会に寄進し、長崎は教会領となった。長崎をキリシタン都市化する際に採用されたのが、都市長崎の全住民に対するキリスト教への強制改宗であった。
- キリスト教会が強制力を持てるのは、原理的にキリスト教徒に対してのみである。そこでは、キリスト教徒以外の人々を都市長崎から排除し、出入りを禁止する強制力は、むしろ都市の自治組織（頭人中―惣中）が持った。

・それゆえ、都市の自治機能が、都市内の全住民や都市に出入りする人に対するキリスト教への強制改宗のために利用された。

その長崎に先立って有馬領の口ノ津は商業面においても布教面においても、中心のひとつとなっていった。領主有馬義貞はまだ改宗していなかったが、最終的に決意して自ら口ノ津に行き、イエズス会副管区長コエリョから従臣三〇名とともに受洗した。次いで妻子も、家臣も領民も続々と改宗した。大村におけると同じく、有馬の領民のほとんどがキリシタンになった（古野　１９７３：38～39頁）。

一方、一六一四（慶長十九）年の禁令を奉じて、豊前領主の細川忠興が部下に棄教を命じたが、このときおよそ五〇〇〇人の武士や農民が直ちに集団的に転宗（棄教）している。

３　武器を売り、福音を伝える―商・教一体政策―

日本へのキリスト教布教には、宗教的動機とともに、非宗教的動機もまた特筆すべきものがあった。

非宗教的な動機としては、ポルトガル船のもたらす商業上の利益という経済的動機を第一に挙げなければならない。天下を統一して権力の座についた織田信長のような専制君主や地方大名は、南蛮貿易による経済的利益を求めた。イエズス会や他の修道会も布教を求める手段として、戦国大名に対して南蛮貿易の仲介者としての役割を強調した。武器、火薬、生糸、そして珍しい南蛮渡来の文物に至るまでその貿易権を与える代わりに、戦国大名にキリスト教を布教していったのである。その結果、九州では大友宗麟、大村純忠、有馬晴信らのキリシタン大名が次々に生まれ、キリスト教の教勢は拡大を続けた。

ポルトガルのアジア交易の中で、イエズス会宣教師が最初からポルトガル商人と日本の領主や商人との仲介者として重要な役割を果たしていた点について、若桑みどりは次のように指摘する。

領主や商人から見れば宣教師はポルトガル語と日本語ができ、商人たちに尊敬され、信仰のために不可欠な存在とされ、貿易の仲介をしてもらうには最適であった。豊後の大友、島原の有馬、肥前の大村などがイエズス会会士と緊密な関係を結んだのは何よりもまず自分の領土の港にナウ船（ポルトガル大型船―引用者―）に来てもらいたいからである。また宣教師も船を来させるぞという利益をちらつかせて布教したという見方が（中略）一般的である。また秀吉も家康も、本当は宣教師など一掃したかったのだが、それに戸惑ったのは彼らを追放すると交易ができなくなる心配があったからである（若桑 ２００３：45頁）。

このように、布教と表裏一体で進行した貿易によって、イエズス会宣教師のいる港にはポルトガル船が寄港した。そしてポルトガルの商人が中国（シナ）から生糸をはじめとする商品を運んで来てそれを日本で売った。イエズス会も生糸貿易を行い、その利益を不足する経費にあてていた。領主は輸入品に関税をかけ、商人は輸入品を販売して利益をあげた。領主はポルトガル船の寄港をうながすために、領民を改宗させて宣教師の関心をひこうとしたこともあった。この布教と貿易について、織田信長は「布教＝Yes、貿易＝Yes」の政策を採用した。これに対し、後継者の豊臣秀吉は「布教＝No、貿易＝Yes」という形で一つの主体的な選択を行った。徳川家康も「布教＝No、貿易＝Yes」であった（安野　１９８９：２４３〜２４４頁）。

このように多くの場合、布教と貿易、すなわち宣教師と貿易商人が一体化して日本進出を遂げることになるが、それが本格化するのはどの時代か。

宣教師と貿易商人が一体となった進出の仕方をみせてくるのは、主として家康の統治が始まる十七世紀に入ってからである。家康はイエズス会＝ポルトガルと托鉢修道会＝スペインの二つの勢力を巧妙に競合させ、スペイン、ポルトガル両国を利用していくために、宣教師を彼我の仲介者として利用した（高瀬　１９７７：54〜55頁）。

４　信長とキリスト教

キリスト教の初期布教の時代、重要な役割を果たした人物が、戦国の覇者、織田信長である。信長は宣教師やキリシタン教会を保護した。その保護策は、世俗化し領主化した仏教勢力（寺社勢力）に対する反発を基調としており、必ずしも教理的・倫理的理解に基づいたものではなかったが、以降キリシタン教会は信長の庇護の下でその教勢を拡大させていった（清水

2001：156頁）。

当該時期のキリスト教の布教は、ザビエルから日本における布教事業の後事を託されたコスメ・デ・トルレスによって担われた。彼がまず開教を図ったのが京都である。

当時、室町幕府は衰亡の危機にあり、中央の権力は形骸化していた。そのなかで、トルレスの命を受けたガスパル・ヴィレラは、一五六〇（永禄三）年、将軍足利義輝に謁見し、布教を許可された。キリスト教は、まず将軍の許可によって京都開教がなされたのである。

しかし一五六五年、足利義輝が三好義継・松永弾正らに殺害されると、三好義継は正親町天皇に奏請して宣教師に退京を下命した。

このように、最初の禁教令は天皇から出されたことになる。天皇が外来の宗教であるキリスト教を排除する力を持っており、「神と仏」の擁護者であることを明らかにしたのである。天皇・朝廷は日本の神々の子孫、継承者としての伝統的意識を持ち、その後もキリスト教排除の姿勢を貫き続けていく。ここには、ルイス・フロイスら宣教師の京都退去という限定的な措置であったが、一時的に京都を制圧した軍事政権によって、最初の宣教師追放令が発令をみたのである（清水 1981：34頁）。

信長とキリシタン教会との関係は、この四年後の一五六九年に始まる。この年、将軍足利義明を奉じて上洛した信長は、天皇の命令を尊重してキリシタンを追放するか、それを無視してキリシタンを保護するかの二者択一を迫られたが、最終的には、宣教師追放令の解除に踏み切った。そして堺に滞在していたルイス・フロイスの入京を許可し、宣教の特許状を発給した。

国家の政治の要に食い込み、自分たちの権益を今後も保証するために新しい宗教を排斥する必要があった仏教に対して、信長は仏教の専制的支配を崩さなければ天下を真に掌握できないと考えていた（若桑　２００３：１８３～１８４頁）。以後、信長はイエズス会を保護した。

５　日本布教体制の改革と適応主義政策

一方、イエズス会は日本における布教体制の改革を迫られていた。一五七九（天正七）年、島原半島・口之津で第一回日本キリスト教協議会が開催された。イエズス会の巡察使アレッサンドロ・ヴァリニャーノの主催によるものであった。

イエズス会の日本布教は、当初インド管区に属していた。一五七九年、ヴァリニャーノは日本到着以来、日本管区としての独立を図った。一五八一年、ヴァリニャーノは信長に謁見した後、長崎に戻り、巡察の結果を総括して一連の改革を実行し、日本のキリスト教化のための体制を整備した。

その内容は次の各点から構成された（五野井　１９９０：１１８頁）。

・日本教会はインド管区から分離されて半独立的な副管区となり、ミヤコ（京畿）とシモ（西九州）と豊後の三教区に分けて教区長を配置する。

・三各教区に修院（カーサ、Casa）を置き、これを中心に、各地に司祭館（レジデンシア、Residencia）を設置する。教区長は担当教区内を毎年巡回し、日本の布教長（準管区長）が三年に一度全国の修院と司祭館とを巡見する。

・イエズス会教育機関として、コレジョ（Collegio、高等神学校）、セミナリオ（seminario、初頭神学校）、ノヴィシアド（Noviciado、修練院）等を創設する。

さらにヴァリニャーノはともすればヨーロッパの価値観に偏しがちな教会のあり方を改め、日本の風習や文化に徹底順応する「適応主義（accomodatio）」と称される布教方針を確定するなど、キリスト教の日本土着をも視野におさめた改革をめざした。

ヴァリニャーノは、ヨーロッパ人宣教師と日本人との文化的落差を克服して融和をはかるために、とくにヨーロッパ人宣教師が何をすべきか、日本の習慣風俗に適応するためにいかにあるべきかという見地から検討した。そのために、両者が同等の立場にあるべきこと、日本人の礼儀作法を学び、これを習得しなければ、日本のキリスト教布教事業には未来がないことを強調して適応方針を強く打ち出した。

この適応主義、言い換えれば、宣教の成果と宣教の手段をめぐる問題は、宣教師の異文化適応を軸にした近世カトリックの海外宣教のあり方を考える上で、極めて重要なテーマであった。宣教の成果とは現地のキリスト教会の建設であり、宣教の手段とはそれを達成するための諸方策である（齋藤編　２０２０：16頁）。この対日適応主義政策はイエズス会の「布教の武器」となった。

宣教の手段に該当する適応は、宣教師による現地文化への適応、すなわち、宣教師が現地の制度や実践を採用すること、または現地の人びとになじまないヨーロッパの慣行を控えることを意味していた。たとえば、日本に派遣された宣教師が豚や牛を食べるのを控えることである。

一方、宣教の成果に該当する適応は、現地文化に適合したキリスト教会の建設、すなわち、宣教師が赴任先で新たな教会を建設する際、現地の制度や実践をその教会の構成要素として取り込むことを意味していた。たとえば、在来の音楽や踊りをキリスト教の典礼に取り込むこと、または現地の人びとになじまないヨーロッパの要素をその教会から除くことである（同）。

このように、日本の文化や習慣に対する自己主張という武器を適応主義という楯で防戦し、在日宣教師たちに日本の文化・習慣を学ばせ、習得させることで、逆にそれらを日本におけるイエズス会の「布教の武器」にしようというのが、ヴァリニャーノの狙いであった（高橋　2006：122頁）。

彼の布教方針の根幹ともなった適応主義が具体的な形で表現されたのは、都（ミヤコ）地方の巡見から豊後に戻って、同地滞在中に執筆した『日本の習俗と気質についての注意と助言』においてであった。同書の主題は、日本人との交際において、いかにして権威を獲得し保持するかということ、そして、キリシタンの信頼を獲ちえるためにいかにあるべきかという点にあった（五野井　1990：118頁）。

二　黙認・規制期

1　秀吉、伴天連（宣教師）追放へ

「宣教時代」後期にあたる「黙認・規制期」は、豊臣秀吉、徳川家康による当初のキリシタン黙認から追放・迫害へ向かう時期であった。

日本におけるキリスト教は、戦国社会が終息しようとする十六世紀後期から十七世紀初期にかけて、日本列島に広がった。この間、天正遣欧使節（一五八二年～）と慶長遣欧使節（一六一三年～）の派遣が実現し、日本のキリシタンがローマ教皇に謁見を果たすほど日欧の交流は深まった。

信長の晩年に近い一五七九（天正七）年、日本全体のキリシタン総数は増大した。信長が活動した一五七〇年代はイエズス会にとっても隆盛期を迎えていたといえよう。

一五八二（天正十）年、本能寺の乱で横死した信長の後継者となった秀吉は、当初、信長のキリシタン政策を受け継ぎ、キリシタンに対して好意的な態度を取り、一五八六年にはイエズス会に布教許可状を発給し、布教を公認した。しかし、秀吉は九州平定後、天下統一が現実の日程にのぼった一五八七年六月、宣教師（伴天連）の追放を打ち出した。

伴天連追放令が発せられた要因として、イエズス会の知行地となっていた長崎の教会領の存在、キリシタンと一向宗徒（本願寺）との類似性、秀吉の「天下意識」や「神国思想」、秀吉

の反キリシタン側近の活動などが挙げられる（東馬場　2018：208頁）。

このなかで、全国平定実現後、秀吉が必要とした思想的統一、すなわち、その「神国思想」について、鈴木範久は「追放令の冒頭に見られる文言は［日本は神国］である。そこでは日本に渡来して久しい仏教も無視され、ことさらに神道でいう神の国であることが強調されている。国家の統一をはかるために思想の統一をはかろうとする意図が断言されている」と指摘する（鈴木　2017：36頁）。

当時、支配権力がめざした宗教的統一秩序に対し、各地で神仏を破壊するキリスト教は最も危険な宗教と見なされたのである。

2　なぜ伴天連追放に踏み切ったのか

伴天連追放令は、それまで秀吉と良好な関係を築いていると信じていたイエズス会にとって、文字通り、寝耳に水の発令だったに違いない。

事実、追放令発布の前年の一五八六（天正十四）年三月、秀吉は日本布教の責任者である日本準管区長ガスパル・コエリョ一行を大坂城に招き、彼の求めに応じて国内の布教許可状を与えていたからである。

それが一五八七年、突然、伴天連追放令を発したのである。

伴天連追放令公布の直接的動機としては、九州平定後の秀吉の博多・筥崎宮への凱旋時に、コエリョが中国遠征の際には二艘のポルトガル船を提供しようと秀吉に申し出た出来事が挙げられる。

秀吉は心中で、「ほんとうにコエリョはキリシタン大名を思うままに動かせるのか。また中国に征服に行くために二艘の船を用意できるほど裕福なのか。彼が戦争に介入すると、自らに反抗したあの一向宗の僧兵のようになるのだろうか。彼ら神父は有力な大名をキリシタンにしているのだから、いつか同盟して自分に逆らい、天下を取るかもしれない」と考えたと推量される（若桑　2003：387頁）。

秀吉は九州平定前にすでに朝鮮と中国の征服を考えていた。その野望のためには「船」が必要であった。この時、長崎から軍艦を率いて秀吉を迎えたのがコエリョであり、秀吉は軍艦をくまなく見て回り、ヨーロッパ製の大砲に大きな懸念を抱いた。コエリョが自分たちの力や武器を自慢したとき、秀吉はキリスト教を「邪法」と見なし、宣教師に対し二〇日以内の日本退去を命じたのである。

ここで留意すべきは、秀吉のキリシタン政策が宣教師の国外退去を求めるものでありながら、布教に関係しない外国人（商人）の出入りは認めるものであり、また、個人でキリスト教を信仰すること自体は許していたことである。そして黒船に対しても来航を認め、商・教分離策を明確にした。天下統一、すなわち、統一政権確立のために役立つ限りは、キリシタン大名の掌握や貿易利益の獲得など、利用価値のある限りは、キリスト教を保護・奨励し、黙認したのである。

その後もキリシタンをめぐる状況は変化する。その象徴的な事件が、一五九六（慶長元）年に発生したサン＝フェリペ号事件である。通説においては、同船の船員が宣教師をスペインの領土征服のための尖兵であると述べたことで、秀吉は積み荷を没収しキリスト教に領土的野心ありとして、警戒心を強めたとされる。この事件と並行して、秀吉はフランシスコ会をはじめとする新参の修道会の積極的な活動に危機感を持ち、弾圧に踏み切った。そのため、秀吉は一五九六年、京都で活動していたフランシスコ会士（一部イエズス会士を含む）の教徒たちを捕らえて長崎西坂の丘で処刑した。二十六聖人の殉教である。日本の国家権力によって引き起こされた最初の大がかりな殉教であった。

1596年、豊臣秀吉により処刑された日本二十六聖人記念碑（長崎市西坂町）

３　コエリョによる「日本侵略計画」――「迫害者」秀吉に対する敵対――

秀吉の伴天連追放令に、イエズス会側はどのように対応したのか。秀吉がキリスト教界に迫害を加えてきたのに対抗して、日本準管区長コエリョがいくつかの重大な対策を順次講じてきた経緯について、高瀬弘一郎の論考を要約する（高瀬　１９７７：１

17頁)。

・コエリョは直ぐさま有馬に走り、大友宗麟、大村純忠亡き後の九州キリスト教界の大檀那有馬晴信に対し、キリスト教徒の領主を糾合して迫害者秀吉に敵対するよう働きかけた。そして自分もそのための資金と武器・弾薬を提供する旨約束し、直ちにそれらの準備を始めた。

・しかし肝心の有馬晴信が小西行長とともにコエリョの指嗾《しそう》に応じなかったために、キリシタン大名と教会が呼応して秀吉に対抗する企ては実現を見ずに終わった。

・そこでコエリョは、フィリピンから援軍の派遣を求めるという別の方策を考えた。そして二〇〇ないし三〇〇人のスペイン兵の派遣があれば、要塞を築いて秀吉の武力から教界を守ることができると考え、フィリピンの総督、司教およびパードレ達に書簡を送り、出兵を要請した。

このように、伴天連追放令から二年後の一五八九年、窮地に陥ったコエリョはキリスト教界に迫ってくる状況を打開する責任を感じ、過激な手段を講じようとしたのである。

しかし、マカオにいた東インド巡察師ヴァリニャーノはコエリョの武力行使論に激怒し、この援軍の派遣を中止させた。ヴァリニャーノはイエズス会本部の意向を受け、コエリョをはじめ、アジア全域で布教に従事する宣教師を監督する立場にあった。スペインの武力を頼み、戦争になった場合、日本での布教はさらに困難になると考えた彼は、秀吉に対してより現実的な対抗策をとることに苦慮したと考えられる。

４　潜伏へ向かう宣教師

伴天連追放令発布後に加えられたキリシタン弾圧は当初、畿内と長崎を中心とした九州西南地域に限定されていた。九州では、大村、有馬らキリシタン領内の主な教会堂が破壊され、長崎には代官が置かれ、その支配にあたった。

伴天連追放令は、先に述べた正親町天皇のキリスト教禁令を継承するものであり、次項で取り上げる徳川政権が発動するキリシタン禁令の先例となった。

このような追放令をめぐる状況のもとで、キリシタン大名であった黒田孝高は棄教し、高山右近はキリスト教信仰のために地位を捨てた。キリシタン大名領では、集団改宗と寺社の破壊がなされる場合があり、日本統一をめざす豊臣政権にとって、宗教勢力の徒党化を抑止することは現実の重要課題であった。一方、小西行長や有馬晴信のようにキリスト教徒のままでいた大名もいた。

秀吉による伴天連追放令は、博多・京都などで高札とされ、天下に周知された。やがて博多、大坂、堺などにあるイエズス会の財産は没収され、教会は収用または廃止された。イエズス会の根拠地であった長崎、茂木、浦上は接収された。

一五九〇（天正十八）年六月、天正遣欧使節が出発から八年余りを経て、長崎に帰着した。彼らは信仰と希望に満ちて帰国したと考えられるが、この間、国内では大きな政治的変動が起こっていた。

彼らを派遣したキリシタン大名の大友宗麟、大村純忠もすでになく、信長は去って天下は秀吉の支配に帰し、宣教師の追放令はすでに四年前に出され、長崎はその直轄の港になり、かつて十二の教会が立ち並ぶ「日本の小ローマ」のおもかげはもはやなかったのである。

少年使節の秀吉との謁見は一五九一年三月、京都・聚楽第で華美荘厳を尽くして行われたという。四年前に追放令を出した秀吉がここでは快くキリシタンを迎えている。

このような独裁者の矛盾した行動の中で一喜一憂しながら、宣教者たちは茨の道を歩いていかねばならなかったのであろう。

ここで注目すべきは、伴天連追放令の通告を受けたイエズス会の宣教師らがやがて平戸に集結し、以降、その多くが西九州を中心に潜伏した点である。宣教師の潜伏は、後に本格化する信徒の潜伏の端緒的形態といえるものであった。

伴天連追放令はその後のイエズス会の宗教活動を大きく拘束した。一五八〇（天正八）年以降、ヴァリニャーノによって主導された下（シモ）教区・豊後教区・上教区の三布教区制に基づく宣教体制も崩れていくことになる。

職業・階層・性別横断的な社会的結合体としてのコンフラリア（Confraria、組・信心講）が生まれるのはこの時期である。宣教師が不在となった大村・天草など下（シモ、西九州）教区のキリシタンたちは、この信徒組織、コンフラリアを強化して信仰の維持に努めた。コンフラリアは肥前および肥後天草を中心において濃密に分布し、「聖母（マリア）の組」「お告げの組」「ミゼリコルジャの組」（慈悲の組）などの名称が付されていた。

三　天草における地域的展開のケース
―開教・発展期〜黙認・規制期―

１　天草におけるキリスト教の開教

本書では、日本キリシタン史の各ステージにおける地域的展開を探る見地から、熊本・天草のケースを取り上げる。

天草におけるキリスト教の開教は、一五六五（永禄八）年、いわゆる天草五人衆（志岐・天草・大矢野・栖本・上津浦氏）のひとりである志岐鎮経がイエズス会の日本布教長コスメ・デ・トルレスに対して志岐での伝道を要請したことに始まる。

翌一五六六年、修道士ルイス・デ・アルメイダが肥前・口ノ津から来島し、天草での布教が始まった。志岐鎮経は嗣子諸経とともに受洗し、天草初となる教会堂と志岐レジデンシア（司祭館）が建てられた。レジデンシアは宣教師が定住し、付属の聖堂を持っていてキリシタンらの司牧にあたり、ミサを挙げ秘蹟を授ける場所である。

志岐では、イエズス会が九州各地の宣教師を招集して、第一次志岐宣教師会議（一五六八年)、第二次志岐宣教師会議(一五七〇年)が開催された。議題などの詳細は分かっていないが、京都にいて参加できなかったルイス・フロイスを除いて全神父が集合したという。当時、九州は日本で最も布教が盛んな地方であったし、しかもその会議が天草の志岐で行われたことは特筆すべき出来事である(五野井監修 2017:391~392頁)。

志岐鎮経がキリスト教の開教を求めたのは、離島という厳しい環境下で貿易の利を求め、富国を企図したためであった。一五七〇(元亀元)年七月、ポルトガル船の志岐入港は実現したが、実際に入港したのは彼が熱望していた大型のポルトガル船ではなく、ジャンクだった。

このことが一つの引き金になったのであろう。彼は期待した南蛮貿易が進まないため、一五七一年には棄教し、キリシタン迫害に転じた。当初の入信はポルトガル船を誘致するための偽装といわれても仕方なかったのである。以後、彼は教会の存在は認めつつも、宣教師の存在は認めなかった(今村 1990:26頁)。当時、志岐には三つの教会があり、キリシタン二〇〇〇名がいた(五野井 2014:133頁)。

2 国人領主(天草五人衆)における入信と棄教

この志岐鎮経の棄教宣言により、天草の布教の中心は天草鎮尚の領地である河内浦に移った。河内浦(﨑津)、本砥(本渡)などの良港を領内にもつ天草鎮尚もまたポルトガル船の来航を願望した。

彼も宣教師の派遣を数次にわたってコスメ・デ・トルレスに依頼した。しかし、トルレスはその動機を疑い、三年後の一五六九年にルイス・アルメイダを河内浦へ派遣した。その結果、ポルトガル船が天草領に入る約束を取り付け、一寒村に過ぎなかった﨑津港の開発について具体的な交渉を行い、また何人かの家臣の改宗まで約束したといわれる（チースリク　１９９５：70頁）。

アルメイダは天草鎮尚に会見した際、キリスト教布教について、（１）領内で自由に福音宣教する許可状をくれること、（２）領主自身が少なくとも八日間、説教を聴くこと、（３）キリスト教に納得した場合、少なくとも一人の子をキリシタンにすること、（４）城下に地所を提供し教会堂を建てること、（５）河内浦から志岐に至る地方において説教を説いたうえでキリシタンになりたい人にそれを正式に許可するという五つの条件を提示した。これを天草鎮尚が了承した結果、布教が始まった（同　39～40頁）。

一五七一（元亀二）年九月、フランシスコ・カブラルが河内浦へ渡来したのを機に、交易を望んでいた天草鎮尚は受洗してキリスト教に帰依した。五年後には、嫡子久種も受洗した。天草氏領での宣教活動は進展し、三〇余りの教会が建てられた。天草氏父子の先例はやがて他の領主に波及し、大矢野・栖本・上津浦氏などが相次いで改宗するに至った。

天草五人衆の受洗時期、授洗宣教師は次の通りである（五野井監修　２０１７：３８８頁）。

・志岐鎮経（ドン・ジャン）：一五六六年／アルメイダ修道士、一五六九年に棄教

・天草鎮尚（ドン・ミゲル）：一五七一年／カブラル布教長

・大矢野種基（ドン・ジャコベ）：一五八七年／ゴンザレス神父
・栖本親高（ドン・ジョアン）：一五八九年／ゴンザレス神父
・上津浦種直（ドン・ホクロン）：一五九〇年

イエズス会日本副管区長ガスパル・コエリョは天草五人衆とキリスト教との関係について、次のように、イエズス会本部に報告している。

天草には二人の領主、すなわち、より大きな部分を有している天草鎮尚＝天草の殿（セニョール）、志岐鎮経＝志岐の王がいる。天草の領内には全住民がキリシタンという城や村落が多数ある。志岐は今のところキリシタンではないが、領内に千名近くのキリシタンを抱えている。天草は五名の領主のうち三名（天草鎮尚、大矢野種基。栖本親高）がキリシタンである。我らは他の二名もまた自領の人々とともに早晩キリシタンに改宗し、一つのきわめて良質で、しかも偉大なキリシタン宗団がかの島々に誕生すること、さらに彼らの信仰が強められ、これらの全領主がわが聖なる律法の旗印のもと一致団結して生きてゆくことを期待してやまない（一五八九年二月二十四日付『一五八八年度日本年報　イエズス会総長宛』）。

3　キリシタン大名小西行長による天草統治

一五八八（天正十六）年、小西行長は秀吉によって肥後南部（宇土・八代・天草）の領主に任命された。秀吉の九州統治構想の中で、北部九州における豊臣政権の代行者として大きな権限を与えられた行長であったが、伴天連追放令発令の際、秀吉からキリスト教の棄教を求められ、表向きではあれ、秀吉に棄教の姿勢を示した。

当時、キリスト教の最大の理解者の一人であるキリシタン大名小西行長が九州の中央部である肥後の領主に任命されたことは、秀吉の伴天連追放令によって、長崎を拠点に水面下での活動を余儀なくされたイエズス会宣教師たちにとって、大きな希望の光であったと考えられる。

肥前を主要な活動拠点としていたイエズス会は、伴天連追放令の際に、教会とキリスト教の保護を表明した行長が肥後の領主となることに期待を寄せたのである（五野井監修　２０１７：２３３〜２３４頁）。

実際、追放令の目を逃れて天草に避難してくる宣教師は増加したが、行長は秀吉の家臣である以上、キリスト教禁止という秀吉の方針に背くことはできず、イエズス会に対しても慎重な布教活動を進言している。

こうした行長の柔軟かつ曖昧な姿勢は、一五九六（慶長元）年の原マルチノ（天正遣欧使節の一人であった）との会談を伝えるルイス・フロイスの「日本報告」において見ることができる。以下はその要旨である（ルイス・フロイス　長崎発信『一五九六年十二月十三日付『一五九六年日本年報』）。

・私（行長）が現在、キリスト教への改宗を抑制しているのは、私の心の狭小さと弱さによるものであり、またデウスの栄誉を護ることへの熱意が不足しているからであるとの疑問を抱いていることを私は知らぬわけではない。

・しかし、私はまったく逆である。なぜなら、私は太閤秀吉の性格やその胸中を見通しているからであり、また司祭たちがいっそう抑制して潜伏しておればおるほど、その目的をかなえるべき機会が増すことを知っている。

・デウスの法を種々の領国へ広めることは私の身分上は許されぬが、内心では私の領国内に多数の教会を建てようと熱望しており、私のすべての家臣がキリシタンとなり、ヨーロッパに劣らない盛儀と崇敬によってデウスへの礼拝が挙行されるようにと全力を尽くしているのである。

・したがって、私の支配下にある有馬、大村、天草、栖本、上津浦、志岐、大矢野ですべての人々がキリシタンの教会へ集まっているのを見るのは私にとってこの上ない喜びである。

このように、行長は豊臣政権の反キリシタン政策の意を汲み、硬軟両様の態度をもって布教を統制したのである。

天草における統一支配を確立した行長は、志岐、木戸、大島子など、島内の要所要所にキリシタン武士の代官を置いて統治した。志岐の代官にキリシタン、ヴィンセント日比屋了荷を配し、彼を中心に信者組織であるサンタ・マリアの組というコンフラリアがつくられた。

しかし、肥後入国後、秀吉の在世中には、行長が領内の宇土や八代など九州本島地域で積極的にキリスト教布教や教会建設を実施した形跡は見られない。これは間違いなく、秀吉の伴天連追放令を意識しての行動であったと考えられる（鳥津　２０１０：１０６頁）。

このような状況下で、天草においても、ヨーロッパで行われていた布教方法を現地の風土に対応した布教のあり方が模索された。先に述べたイエズス会による適応主義政策への転換であり、信者の増加につながった。

天草では、一六〇〇（慶長五）年時点で、新しく七つの教会が開設され、全体で四十五の教会が散在した。全島民三〜四万人のうち、少なくとも一万五千〜二万人、すなわち、五割がキリシタン化していたものと推定されている（北野　１９８７：75〜76頁）。

天草キリシタンの多くは農民であった。彼らの中には、関ヶ原の戦いに敗れた小西浪人や解体した旧天草五人衆の家人が帰農していたことも否定できない。各地で迫害にあって追放されたキリシタンたちが天草に亡命してきたのである。キリシタン大名小西行長による統治の時代はいうまでもないが、その後も島や入り江の多い地形が亡命者たちの移動や潜入を容易にしたと考えられる。

４　なぜイエズス会教育機関が開設されたのか

一五九一（天正十九）年、「天草学林」（天草コレジョ）が、ノヴィシアド（修練院）・印刷所とともに、天草諸島におけるイエズス会の伝道・教会等の統括機関として開設された。コレジョとはポルトガル語で宣教師養成の大神学校（高等神学校）のことであり、日本訳は「学林」と呼ばれた。

先に述べた一五七九（天正七）年の第一回日本キリスト教協議会において日本の実情を聴取したイエズス会日本巡察師ヴァリニャーノは、日本人司祭の養成の必要性を認識した。当時、十五万人といわれたキリシタンに対する宣教師の不足は深刻な問題であったからである。イエズス会士五五人、うち日本人修道士は七人、日本人司祭はまだ一人もいないという状況であった（長崎県北有馬町編 ２００５：６〜７頁）。

このように、宣教師の数が圧倒的に不足し、日本人の宣教師などの育成が急務となった。その教育構想は、聖職者、一般信徒を問わず、キリシタンのリーダーの養成を目的にした画期的なものであった。

彼が提案したのが、日本人修道者のためのコレジョ（高等神学校）、日本人青少年のためのセミナリオ（初等神学校）、修道者と司祭養成のためのノヴィシアド（修練院）、来日したヨーロッパ人宣教師の日本語学習のための語学校等の設置であった。コレジョにはその前段としてのセミナリオがあり、また中段としてノヴィシアドがあった（鶴田編 １９９５：70頁）。

具体的には、都（ミヤコ、京畿）、下（シモ、西九州）、豊後（大分）の三地区に前途有望な青少年を学ばせるセミナリオを置き、その上に二つのコレジョを設置するというものであった。コレジョの一つは都に置いて、領主はじめ武士階級の子弟、信徒のリーダー養成のため哲学・法学・政治学の講座を開き、やがてはこのコレジオは東洋におけるキリスト教的教育と学問研究の中心となって、ヨーロッパの諸大学と交流するよう発展させたいとした。もう一つのコレジョは豊後・府内においてイエズス会員ののために哲学・神学課程を専門に勉強させるという「一大教育構想」であった（長崎県北有馬町編　2005：7頁）。

しかし、キリシタン禁圧政策の高まりの中で、開設されたセミナリオ、ノヴィシアド、コレジョの設置場所は変転を余儀なくされた。キリスト教禁圧のために、豊臣、徳川政権は宗教教育・伝道機関を弾圧したためである。しかし、イエズス会には信者を獲得し、厳しい弾圧を回避し生き残るためには、これらの教育機関を維持していく必要があった。そのため、それぞれの学校は設置場所の変転を繰り返した。

5　彷徨を続けたキリシタンの学校

このように、三つの教育機関（学校）の設置場所は、目まぐるしく変化した（鶴田編　1995：214〜215頁ほか）。傍線部分は、天草関連事項である。

この度重なる移転は、「移設」というよりもキリシタンの学校の「存在を隠し、彷徨した」というのが、適切な表現であると考えられる。以下はその移転の状況を示したものである。

［下（シモ）のセミナリオ］

・一五八〇年、キリシタン大名有馬晴信から寄進された有馬に創設（七年間存続）。

・その後、山口（八七年）、長崎・浦上（同年）、有馬（同年）へと移転を繰り返す。

・一五八七年、都のセミナリオと統合→八八年、八良尾へ移転。その後、加津佐（八九年）→八良尾（九一年）→有家（九四年）→長崎（トードス・オス・サントス教会へ、九八年）へ。
・一五九九年、天草（河内浦）から同年、志岐へ。同年、長崎（岬のサン・パウロ教会）→一六〇一年、有馬に戻る（十一年間存続）。
・一六一二年、再び長崎（サントス教会）、一四年、長崎（岬の教会）へ、同年、家康の禁教令で日本全国にいた宣教師はマカオとマニラに追放、長崎にあった教会は閉鎖。

［都（ミヤコ）のセミナリオ］
・一五八一年、信長から寄進された安土に創設（信長の本能寺急死後、安土での存続を断念）、八二年、京都の教会に併設、さらにキリシタン大名高山右近の城下町・高槻へ。しかし、八五年、高山右近の明石移封で大坂の教会に併設。しかし、八七年、秀吉の伴天連追放令と同時にミヤコの地域での存続を断念、肥前・生月（八七年）→長崎（同年）を経て、有馬へ（有馬のセミナリオと統合）。

［ノヴィシアド］
・一五七九年、キリシタン大名大友宗麟の城下、豊後・臼杵に創設→山口（八六年）→肥前・生月島（八七年）→長崎（八八年）→有家（同年）へ。
・一五八九年、天草（河内浦）→同年、大村→九一年、天草（河内浦）→九七年、長崎（サントス教会）→九八年、長崎（岬の教会）へ、一六一四年、家康の禁教令で閉鎖。

［コレジョ］

・一五八一年、豊後・府内で創建（六年間存続）。八八年、島津氏の豊後侵入時に、山口へ移設。
・一五八九年、秀吉の伴天連追放令を機に、肥前・生月島に避難、その後、長崎（「ミゼルコルディアの組」本部教会、八八年）→千々石（同年）→有家（同年）→加津佐（九〇年）へ。
・一五九一年、天草がキリシタン大名小西行長の領地となったのを機に、河内浦に誘致、九三年、島内三ヵ所（河内浦・久玉・大江）への分離、同年、三分散を河内浦へ統合。
・一五九六年、ノヴィシアドとともにキリシタンのセンター的位置にあった長崎（サントス教会）へと移設、九八年、長崎（岬の教会）へ。一六一四年、家康の禁教令で閉鎖。

1580年、島原半島の有馬に創設されたセミナリオ（初等神学校）跡地

このように、天草は下（シモ）のセミナリオ、ノヴィシアド、コレジョにおいて移転先となり、七年間にわたってキリシタン時代におけるイエズス会教育機関が置かれた地となった。

なぜ、僻遠の天草に移転されたのか。

そこには、秀吉が朝鮮出兵を決意し、その基地として築城した肥前名護屋城に滞在した点が挙げられる。朝鮮出兵のため、名護屋に諸国の兵士が集中すれば、イエズス会の潜伏や教育機関の隠匿も発見される恐れがあるので、コレジョやノヴィシアドを天草などの僻地に移すことを勧告する者がいたのである。ヴァリニャーノもその事情を察し、天草移転を決意したと考えられる。
この間の経緯について、天草のコレジョや有馬で六年間にわたって司牧したフランシスコ・ピレズは、以下のような「歴史の記録」を残している（今村 1997：144〜155頁）。

・一五九一（天正十九）年、秀吉は小田原攻めのために都に帰っていった。巡察使ヴァリニャーノは書簡を呈したのち下（シモ）に帰った。返事をもらうためにイルマン（イエズス会修道士）のジョアン・ロドリゲスが残った。

・秀吉は高麗（朝鮮）の果ての支那（中国）に対し戦争を布告した。そのために肥前・名護屋に築城を命じた。この戦争のために、目に触れることがなく怒りを受ける危険の少ない加津佐（島原半島）にコレジョとセミナリオを移すように巡察使に勧めた。さらにそれより遠隔の天草にコレジョを、セミナリオを八良尾（島原半島）に移し、言葉の研究を大村で勉学させることにした。

一五九一年五月、天草に移設されたコレジョ、ノヴィシアドは、キリシタン大名小西行長の家臣でキリシタン領主であった天草久種が提供した数軒の家屋とイエズス会員が所有していた家屋をもって、移転当時六〇人近いイエズス会員と日本人である宣教師補の二〇人以上の同宿（伝道士）および四〇人近い下僕を収容する施設が設立されたが、その建築の規模や様式については明らかではない（今村 1990：102頁）。

しかし、天草に移設されたコレジョ、ノヴィシアドは、一五九三（文禄二）年二月、島内三カ所への分離を余儀なくされ、九七年には長崎へと移設された。そして一六一四（慶長十九）

年、家康の禁教令で海外（マカオ、マニラ）へ避難した。日本におけるイエズス会教育機関は
ここに消滅した。

＊第7章　徳川政権と反キリシタン政策

一　禁教・弾圧期

1　峻厳を極めた迫害・弾圧の時代

「弾圧・潜伏時代」前期の禁教・弾圧期は、一六一二（慶長十七）年、徳川家康によるキリスト教禁令に始まり、後継者の秀忠・家光によって峻厳を極めた迫害・弾圧政策、すなわち、拷問や殉教等が行われた、まさに血に染められた日本キリシタン史の時代であった。

その中で、豊臣政権がキリスト教布教を規制するも、信仰自体は禁止しなかったのに対し、徳川政権は信仰そのものを禁止した。

そしてポルトガル・スペイン貿易推進など対外政策上、宣教師の行動やキリシタンの信仰を当初は黙許した。しかし、そのキリシタン政策はキリスト教の全面禁制へと急展開する。

　こうしたキリスト教の弾圧は、一六一二年に発生した岡本大八事件を契機に本格化する。

　以下に掲げるのは、岡本大八事件から鎖国体制完成に至る徳川政権の反キリシタン政策の略史である。

一六一二（慶長一七）年	岡本大八事件。徳川幕府、キリスト教禁令を表明。
一六一三（慶長一八）年	金地院崇伝、「排切支丹文」起草、秀忠によって発布。
一六一四（慶長一九）年	宣教師を国外追放、全国的に禁教令が発布され弾圧強化
一六一六（元和二）年	二港制限令を発令。農民までのキリシタン宗門の禁止徹底を布達。
一六一九（元和五）年	京都でキリシタン五二名を火刑。長崎奉行、長崎の教会をすべて破壊。
一六二〇（元和六）年	平山常陳事件。
一六二二（元和八）年	イエズス会士スピノラら五五名が殉教（元和の大殉教）。
一六二三（元和九）年	幕府、原主水らキリシタン五五名を江戸芝で処刑。
一六二四（寛永元）年	幕府、スペインの使節に断交を通告。出羽久保田（秋田）で三二名処刑。
一六二六（寛永三）年	水野守信、長崎奉行に就任。キリシタン禁圧を強化。
一六二八（寛永五）年	この頃絵踏開始。
一六三〇（寛永七）年	幕府により、キリスト教関係書籍の輸入が禁止〔寛永禁書令〕
一六三三（寛永一〇）年	第一次鎖国令。中浦ジュリアンらが殉教。
一六三四（寛永一一）年	第二次鎖国令。京都ほかで転び証文・南蛮誓詞など徴収。

一六三五（寛永一二）年	第三次鎖国令。日本人の海外渡航禁止。キリシタン改めを諸国に命令。
一六三六（寛永一三）年	第四次鎖国令。ポルトガル人を収容・隔離。
一六三七（寛永一四）年	島原天草一揆。翌年、一揆勢全滅。
一六三九（寛永一六）年	第五次鎖国令。ポルトガル船の入港を禁止、幕府の対外貿易管理完成。

注目すべきは、島原天草一揆後、第五次鎖国令による鎖国体制の完成以降、キリシタン絶滅のための政策が徹底され、宗門改をはじめ、五人組制度、寺請制度など世界に類を見ない検索・摘発の制度が展開されたことである。

2　家康、キリスト教の黙許から全面禁制へ

一六〇〇（慶長五）年の関ヶ原の戦いにおける勝利は徳川家康に帰した。これはキリスト教界における重大な転換期となった。これから後、彼およびその子孫、秀忠・家光以降、長期にわたって天下の覇権を握って君臨し、反キリシタン政策を遂行することになるからである。

家康は当初、マカオおよびマニラとの貿易のために、宣教師の滞在と布教活動を黙認した。すでに秀吉の死去（一五九八年八月）直後からフランシスコ会宣教師ジェロニモ・デ・ジェズースを引見し、スペイン領マニラやメキシコとの貿易を企図してスペイン船の関東誘致のための斡旋を依頼した。家康はジェロニモに江戸駐留と布教を許可し、これによってジェロニモ

は翌九九年に江戸に教会を建立して、関東布教に着手した経緯がある。

さらに家康はポルトガル貿易の仲介者としてのイエズス会の存在にも注目していた。一六〇四（慶長九）年には、イエズス会宣教師ジョアン・ロドリゲスの訪問を受け、ポルトガル船の欠航で財政難に陥っていた同会に対して、五〇〇〇両余の貸し付けによる経済的援助を行った。教会に対するこうした優遇策は、キリスト教という宗教に対する理解に基づいたものではなく、家康がポルトガル貿易を確保する意図をもって、黒船と政（＝商）・教一体の関係にあったイエズス会に注目した結果、採用された政治的措置であった（清水　1981：96～97頁）。

家康は貿易による利益を考慮し、イエズス会、フランシスコ会、ドミニコ会、アウグスチノ会の宣教師とも会見し、伝道を認めた。イエズス会、フランシスコ会双方との関係を断ち切らなかったのである。ローマ教皇側も、パウロ五世在任中の一六〇八年、イエズス会のみに限定していた渡日の許可制を撤廃した。ここに、イエズス会をはじめ諸修道会の宣教師の日本居住や布教活動が保障・黙認されることになり、その結果、この徳川政権初期にキリシタンは全盛期を迎えることになった。

しかし、一六一〇年代以降、徳川政権のキリシタン政策は大きな転換を迫られる。キリスト教の黙認か禁教かを迫られた家康が禁教に向かう端緒となったのが、岡本大八事件（一六一二年）である。事件の当事者は、駿府政権の実力者であった本田正純の与力であったキリシタン岡本大八とキリシタン大名有馬晴信であった。

ポルトガル船マードレ・デ・デウス号を長崎で焼き討ちさせた有馬晴信が、その功を理由に旧領回復の贈賄行為をした相手が、長崎での勤務時代に知己となった岡本大八であった。事件発覚後、岡本大八は火刑、有馬晴信は甲斐に流され死を命ぜられ、ここに、キリシタン大名は完全に姿を消すことになった。

このように、家康の側近にも信者が存在することが明らかになり、側近者たちの糾明が始まった。家康は京都所司代・板倉伊賀守勝重にキリシタン寺（教会）の破壊を命じ、また駿府の直参旗本や小姓などで信者の疑いある者を検挙し改易追放した。

また長崎奉行長谷川佐兵衛および岡本大八事件で流罪となった有馬晴信の子の直純に命じて所領内のキリシタン弾圧を強化させ、有馬地方には著名な仏僧幡随院をつかわして改宗にあたらせた。しかし、多くの信者たちは頑として改宗に応じなかった（古野　１９７３：64頁）。

家康は一六一二（慶長十七）年八月、江戸・京都・駿府をはじめとする直轄地に対して、教会の破壊と布教の禁止を命じたキリシタン禁教令を布告した。これ自体はあくまで幕府直轄地に対するものであったが、諸大名に対しても、同様の施策を行った。

この禁教令は徳川政権による最初の公式なキリスト教禁止法令となった。この禁教令は布教と貿易を一体化していたカトリック国の排除を意味していた。

さらに、この禁教令は布告された教会の破壊と布教の禁止以外にも、先に述べた家臣団の中にいるキリスト教徒の捜査が行われ、該当した者は場合によって改易処分に付されるなど厳しい処置が取られたことが特徴である。以後、この禁教令はキリスト教に対する基本法となった。

3　キリシタン、地下活動の時代へ

禁教令以降、幕府のキリシタン禁圧の強化によって宣教師の活動も困難になった。潜伏伝道を行うにしても、迫害の目を逃れることは容易ではなくなったからである。さらに一六一四（慶長十九）年、全国的な禁教令発令が行われ、宣教師はマカオとマニラに追放され、キリシタンにとっては、潜伏、いわば地下活動の時代が始まった。

このキリスト教信仰の全国的禁止令「伴天連追放文」（「排切支丹文」）は、禅僧の金地院崇伝により起草され、将軍秀忠が「日本中の諸人がこの旨を存ずべき掟」と発言した幕府による公式なキリシタン統制の宣言であり、その後、全面的に施行され徳川祖法の一つとなった。

そして何よりも注目すべきは、その対象が日本のすべての人々を対象とした包括的なものであったことである。戦国時代を終わらせた徳川政権はキリシタンとの共生を拒否し、その後、政権が倒れる十九世紀中期までこの政策は維持されることになる。

その反キリシタン政策は、一六一六（元和二）年の家康の死後、二代将軍秀忠を経て、三代将軍家光の時代まで、文字通り、キリシタンの「殲滅」をめざして徹底されていった。

秀忠は一六一六年、二港制限令（ヨーロッパ船の平戸・長崎入港）を発令し、あわせて農民層に至るまでの全面的なキリスト教禁教を布達した。二港制限令は幕府が貿易を一手に独占することを意味していた。平戸、長崎は幕府の直轄地であったからである。この二港制限令以降、キリスト教弾圧を次々と実行し、一六一七年には長崎住民に対して宣教師を宿泊させることを禁止したのをはじめ、各地に潜伏していた宣教師やその関係者を摘発して処刑した。

しかし、この間、かつて国外追放された宣教師の再入国がやがて活発化するようになる。マカオとマニラに追放された宣教師たちは、イエズス会士マテオ・アダムをはじめとして、続々と再入国するにいたった。一六一七年、フランシスコ会のペドロ神父やドミニコ会のナバレテ神父が大村領で相次いで殉教すると、マニラでは日本への布教と殉教熱が高まり、翌一八年にはドミニコ会のアンジェロ・オルシッシ神父をはじめ七人の宣教師がスペイン船に乗って入国した。キリスト教会の組織的かつ計画的な日本潜入はこの時始まったのである。潜入後、彼らの多くは各地で捕らえられ、一部の棄教者を除いて処刑された（清水　１９８１：１３５頁）。

４　相次いだ大殉教　―秀忠治世下の徹底した弾圧―

各教団のこうした積極性は、幕府のキリシタンに対する危機意識を高め、迫害がさらに強化される契機となった。その象徴的な事例のひとつが、日本への潜入を企てていた宣教師二名が露呈した平山常陳事件である。この事件は、一六二〇（元和六）年七月、イギリス船エリザベス号が平戸に入港したことに始まる。

同船は台湾近海でマニラから日本に向かっていたポルトガル船を拿捕した。このポルトガル船は船長平山常陳らによって運航されていたが、船客の中にアウグスチノ会とドミニコ会の二人の修道士が含まれていたことが発覚し、二人は厳しい拷問の末に自白に追い込まれた。二年後の一六二二（元和八）年九月、長崎奉行長谷川権六は二人の修道士と船長平山常陳の三人を火炙りの刑に処し、同乗の商人や水夫二名を斬首した。

この事件を契機として、キリスト教徒の大量捕縛が行われるようになり、同年八月、大村藩のキリシタン牢に未決のまま投獄されていた宣教師ら修道士と信徒、そしておよび彼らを匿っていた者たち計五五名を長崎西坂において処刑した（長崎の大殉教）。これは日本二十六聖人事件以来の宣教師に対する大量処刑であった。

この長崎の大殉教における火刑と斬首刑の過酷さについて、浅見雅一は以下のように述べている。

処刑を実施した長崎奉行長谷川権六は、京都所司代の坂倉勝重と異なり、キリシタンに対して過酷な処刑方法を用いた。処刑方法は、火刑と斬首であった。火刑の場合は、生きながらにして処された。自力で抜け出すことが可能な程度に緩く縛り、すぐに火が回らないようにして時間をかけて焼く。焼死する以前に一酸化炭素中毒によって死に至るものである。この時点での殉教は通常の処刑以上の苦痛を与えるものであり、殉教を回避する方法が周到に用意された過酷なものであった（浅見　２０１６：１７６頁）。

秀忠治世下の元和年間には、この長崎の大殉教を含めて三回にわたって大きな殉教が起きている。これらは元和の大殉教と呼ばれている。

ここで言う殉教とは、「マルチリヨ Martyria」、証するという意味であり、日本語では「丸血留」と呼ばれた。宗教上の信仰のために迫害を受け命を捨てることであり、キリスト教、とくにカトリック教会では、迫害時代に信仰を守って落命した信徒は殉教者として崇敬された。

最初の大殉教（京都の大殉教）は、一六一九（元和五）年十月、日本人の一般信徒五二名を京都の市中引き回しの上で七条河原で火あぶりにした迫害行為であり、規模の大きな殉教として注目された。彼らの処刑を命令した京都所司代板倉勝重は、当初キリシタンに概ね好意的で、キリシタンを処刑する意図を持っていなかったが、伏見に立ち寄った秀忠がキリシタンの火炙りを直々に命じたとされる。

京都の大殉教を受けて、同年、先に述べた長崎の大殉教が発生した。そして家光治世下で、江戸、仙台、米沢の各地で大殉教が起こる。

キリシタンであることが罪とされ、逮捕された者はキリスト教を棄教すれば許された。しかし、棄教を拒んだキリシタンは国外追放あるいは死刑に処され、しばしば拷問の末に斬首、火刑、雲仙地獄の熱湯責め、そして最も苦痛が著しいといわれる穴吊りへとエスカレートし、殺された。穴吊りとは汚物の入った穴の中に信徒を逆さ吊りにし、その期間、肉体的、精神的苦痛を与えることにより人間の理性を奪い、混乱に陥れて棄教させるのが目的であった。

この時代のキリシタンたちは殉教することによってパライソ（天国）へ行き、永遠の命を得られるという教えを信じていたため、彼らの多くは拷問や処刑を恐れず死を受け入れたと伝えられている。こうして、イエズス会士など多くの外国人宣教師と日本人信者が殉教した。しかし完全に絶えたわけではなく、江戸時代を通じて隠れキリシタンの発覚と殉教が散発した。

5 「恐怖の支配」―家光とキリスト教―

秀忠の後継者、家光のキリシタン迫害は、将軍となった一六二三（元和九）年十二月の江戸の大殉教と呼ばれる四一名の火刑に始まる。さらに同月、連続して五〇名を処刑した（江戸の第二の大殉教）。この時も殉教者の多くは火刑に処された。

なぜ家光は就任まもなくこのようなキリシタン禁制を実行したのか。

戦国抗争の労苦を知らぬ貴族主義的生活で育てられた彼にとって、幕府の命に抵抗するキリシタンは最悪の叛徒であったに違いない。それを裏付ける確固たる根拠は明らかではないが、家光が当時江戸にいた諸大名にキリシタンを厳罰に処すべきであるとすると見せつけたと考えられる。二度にわたる江戸の大殉教が波及して、翌一六二四（寛永元）年に東北で一〇八名、平戸で三八名の公開処刑が行われた。自領に帰還後、キリシタン摘発と処刑を行う大名がいたからである。加えて、家光は外国人宣教師が発見された場合は焼き殺すように厳命し、諸大名には領内のキリシタンをくまなく探索するよう強制した。このように、家光の時代はまさに「恐怖の支配」であった。

秀忠による禁令発布（一六一四年）以降、キリシタン禁令は信者の密度が高かった西九州で最も顕著に実施された。そこでまず迫害の標的になったのが、宣教師であった。

一六一四（慶長十九）年十一月、宣教師九六名が長崎に集められ、マカオ、マニラ、およびインドシナへ追放された。彼らとともに、同宿や高山右近を含む信徒指導者も追放された。当時、法令を無視し、ひそかに国内に潜伏した宣教師が置かれた状況について、東馬場郁生は以下のように述べている。

宣教師の中には、取り締まりから逃れるため、床下の地面に掘った穴に身を隠してその上を板やござで覆ったり、便所の後ろのわずかの隙間に一日中身を隠す者もいた。地方の信徒を訪ねる際には商人や修験者にさえ変装したという。禁制下にあっても、一六四三（寛永二十）年までには約百名の宣教師が密かに日本に入国していたが、自主的に日本から退去した二三名を除いて、国内で発見された者はすべて追放あるいは処刑されるか、棄教を強要された。これらの宣教師は徐々に減少し、遂には一六四四（正保元）年の小西マンショ（一六〇〇～一六四四）の殉教以降、国内には一人の宣教師も残らなかった（東馬場　２０１８：２２０～２２１頁）。

二　島原天草一揆と鎖国令

1　島原天草一揆はなぜ起こったのか

島原天草一揆は、一六三七・三八年（寛永十四年十月二十六日～同十五年三月二十八日）、島原藩領（現長崎県島原市、南島原市、雲仙市）の南部地域（南目）、唐津藩天草領（現熊本県天草市、上天草市、天草郡苓北町）の大矢野島、上島の北部・東部地域（大矢野・上津浦地域）、を主要地盤として発生した。

これらの地域に共通するのは、近世初頭、秀吉によって伴天連追放令が発令された時期に、領民の大部分がキリシタンであったという「キリシタン領主の時代」が現出していたことである（吉村　２０１７：４頁）。これらの地域には一揆を起こすだけの地域的特性が備わっていたのである。

かつて島原は有馬晴信、天草は小西行長というキリシタン大名の領地であった。そのため、領民もキリシタンが多く、とくに有馬は「キリシタン王国」とも呼ばれた。しかし、関ヶ原の役と岡本大八事件を通して、この領主たちは世を去り、かわりに赴任した島原藩主松倉重政、唐津藩天草領主寺沢堅高は徹底したキリシタン弾圧に転じた。

島原天草一揆は、概ね次のようなプロセスを経た。

①一揆の謀議、「天の使者」天草四郎の出現
②島原藩、キリシタン「立ち帰り」を理由に村民を捕え城中に留置（島原地域での事件の発端）
③島原領内でキリシタン一揆勢蜂起、代官殺害、島原城攻め

④天草の一揆勢起つ（天草地域での蜂起）
⑤幕府の討伐命令と攻撃開始
⑥一揆勢、富岡城攻略に失敗。島原城を襲う
⑦一揆総大将天草四郎とともに島原キリシタン、天草キリシタン三万七千人が原城に入る
⑧幕府側による原城への攻撃、籠城軍の抵抗。オランダ船による砲撃開始
⑨原城総攻撃と原城落城、一揆加担者はすべて斬首・獄門（一揆鎮圧とその後の処理）

一揆の発端は、一六三七（寛永十四）年十月、島原城から派遣された役人が農民十五人をキリシタンに立ち帰ったとして城中に留置したことにあった。蜂起は翌日に起こった。島原領内でキリシタン一揆勢が蜂起し、村々に所在する領主の代官を殺し、寺社を焼いた。

代官殺害の報を受けた島原藩は、家老岡本新兵衛率いる鎮圧隊を有馬へ派遣するも失敗し、一揆勢はこれを追尾して島原城を襲った。これに対し、佐賀の鍋島家は島原城に接する飛地領に兵五六〇

天草四郎は日本史上もっとも大規模な一揆、島原天草一揆の盟主・総大将だった。島原半島南端の原城跡に立つ「天の使者」四郎の銅像

〇を派遣し、厳しく警護した。

そして島原と天草を中心に蜂起した三万七〇〇〇人の一揆勢が、有馬氏の旧城でありすでに廃城となっていた島原の原城（現長崎県南島原市）に立て籠もった。

この中で、特に一六三七年十二月上旬から約三ヵ月続いた一揆勢と幕藩軍との原城攻防戦（前記の一揆のプロセスの⑦～⑨）は、一揆勢の「なで斬り」（全員殺戮）を方針とした幕藩軍と、城を死守して「デイウス（神）への奉公」をめざす一揆勢との全面的な対決となった。

なお、天草四郎については、天草四郎および島原天草一揆に関する多様な関係資料を解釈し直し、「天草四郎は一揆勢の〈首領〉〈大将〉とされているが、実在はしない。実在を装われた人物である」とする注目すべき論考もある（吉村　２００５：１８９～２１９頁）。

２　経済闘争か宗教戦争か

島原天草一揆の特徴は、百姓主体の一揆ながら、最初から武力蜂起、領主側との軍事対決が志向されていたことである。一揆勢は島原藩領において「村の代官」を殺害して蜂起すると、その後天草領の一揆と合流しつつ、一貫して合戦と城の占拠を志向し、最終的に一揆勢が「本陣」としていた原城に立籠もり、幕藩軍を迎え撃ったのである。

従来、島原天草一揆については一揆の原因として、①キリシタン弾圧に対する反抗とする説、②領主の苛政に反抗する農民一揆だとする説、③小西・有馬の浪人による政権奪回策動だとする説などが繰り返し述べられてきた（鶴田　２００５：65〜66頁）。

そのなかで、農民一揆か宗教一揆か、言い換えれば、農民反乱か宗教戦争かという一揆の性格付けは変転してきた。

島原天草一揆に関しては多くの研究業績があり、細説を要しない。ここでは、神田千里、大橋幸泰、吉村豊雄の三人の研究者による島原天草一揆論を筆者なりの理解で整理してみたい。

神田千里は、島原天草一揆論は主として二つの柱、農民一揆か宗教一揆か、すなわち、一つはこの地域を襲った不作と厳しい年貢督促に対する土一揆としての島原天草一揆、もう一つは立ち帰りキリシタンがキリシタンが武力蜂起した宗教運動としての島原天草一揆から成り立っているとする。

そして一揆勢はキリシタン大名時代への回帰を志向したのであり、一揆の背景には経済的な収奪があった面は無視できないが、それが直接の契機であったとの見方を否定し、一揆は間違いなく宗教運動であったとして、次のように指摘する。

飢饉も重税も関係はあるものの、蜂起のきっかけに過ぎなかった。一揆のめざしたものは、重税からの解放のような物質的なものではない（中略）その手がかりは、物質的でない目的のためと思われる。寺社の破壊、僧侶・神官への攻撃、そして信仰強制そのものである。これらの行為は、島原・天草地域がキリシタン大名有馬晴信、小西行長に支配されていた時代に、実のところ少なからずみられた行為なのである（神田　２０１８：65〜66頁）。

神田千里はこのような島原天草一揆が宗教運動であったとする見方の延長線上に、千年王国の信仰という視点に注目する。千年王国とは「至福千年」ともよばれ、聖書の終末予言の一つの要素である。世界の終末の審判がくる前に、キリストが再臨し、この世を直接統治する神聖な千年間という思想である。信者は不滅であるというこの考え方は、西欧中期に頻発した千年王国運動という強い終末観に促された宗教運動に見られる。天地創造によって歴史ははじまり、終末が来る。そしてそれはすべて神の計画のうちにあるという歴史観である。

キリシタンには、この「千年王国」への熱情、時の終わりは近づいているという意識が強くあった。蜂起当初から天草四郎という「天人」が出現して「審判」が行われ、異教徒（ゼンチョ）は滅ぼされるという考え方が存在した。だから一刻も早くキリシタンに立ち帰れということになったのである。

島原天草一揆における対決は、キリスト教終末論に基づいた千年王国主義的叛乱と支配権力との対決であったという見方である。「三万七千人の殲滅死のなかで夢見られた地上の神の国（パライソ）の幻視」（北野　１９８７：３８２頁）ということになるのだろうか。

３　支配権力を震撼させたキリシタンの抵抗

このような立ち帰りキリシタンが武力蜂起した宗教運動とする神田千里の見方に対して、大橋幸泰は、権力対民衆という二項対立的評価を排し、民衆内部の宗教対立、言い換えれば、民衆という被治者は一枚岩ではなく、その内部に多様性や矛盾を持っていたことに注目すべきであると指摘する。

そして宗教に重点を置く神田に対し、大橋は島原天草一揆は信仰の要素も藩の苛政への抵抗の要素も共に存在し、どちらか一方かを本質とみることはできないと批判する（大橋 2008：8〜9頁）。

一方、吉村豊雄は、これまでの島原天草一揆論の多くに見られる領主の苛政、キリシタン迫害に耐えかねて農民たちが立ち上がったという常套的な島原天草一揆の見方、叙述スタイルから脱却して、農民を主体にした一揆と領主側との軍事対決の過程、「戦争」として描く必要性があると論じる。

このような観点から、吉村は島原天草一揆を①立ち帰りキリシタンが武力蜂起した宗教運動としての一揆、②信仰の要素も藩の苛政への抵抗の要素も共に存在する一揆、③訴願に基礎をおく百姓一揆的な妥協性を切り捨てた軍事対決、すなわち、一種の「戦争」として推移した一揆として位置づける（吉村 2017a：6〜7頁）。

第二次世界大戦後の日本では、マルクス主義の影響もあり、領主の苛政に抵抗する経済闘争とみる傾向が強かった。事の発端がキリシタン捕縛にあったり、総大将が天草四郎とされたことからキリシタン一揆のように扱われるが、実際の指導層は庄屋、乙名といった上級農民であり、領主の苛政に反抗する一揆であったことから、この一揆は基本的に経済闘争であったとする見方である。

オスカー・ナホッドは、一揆において原城を砲撃したオランダ船の責任者である当時の平戸のオランダ商館長ニコラス・クーケバッケルを弁護するために、農民が信仰上の問題から立ち上がったのではなく、政治経済上の不満から立ち上がったと主張する。そこには、オランダが同じキリスト教徒の弾圧に加担したという非難を回避する目的があった（渡辺　２０１７：４１１頁）。ナホッドの著『一七世紀日蘭交渉史』には、以下のような記述がある。島原天草一揆は信仰圧迫の過酷さという宗教上の理由よりも経済的重圧の中で発生したものであり、一揆の指導者等によって殉教的信仰熱が利用されたという主張である。

和蘭人がこの一揆鎮定に参加したるがため、日本に於ける基督教信仰の崩壊は彼等の蔑むべき貿易射利心の与るところなりとする非難が和蘭人に対し縷々なされてきた。この非難の不当なることはすでに明らかにされている。（中略）この全騒動は、何等西欧宣教師という者なくしておこり、近隣のカトリック教勢力すら此れを知らざる間に消滅した位で、その真因は信仰圧迫の過酷より反って経済的重圧の中にあった、従って又藩主移封によって生じたる、扶持を離れた武士信徒でないこともいうまでもない。縷々みるように、必ずしも絶対犠牲者とならずに済む自己の企図を光輝あるものたらしめるため、一揆の指導者等によって殉教的信仰熱が利用されたにすぎない（ナホッド　１９５６：１７９頁）。

以上のさまざまな論考から、島原天草一揆の基本的性格に関する多様な側面が見えてくる。

ここで想起されるのは、十六世紀、南ドイツから始まり、全ドイツに波及した農民反乱であるドイツ農民戦争（一五二四〜一五二五年）である。指導者のトーマス・シュンツァーは、ルターの宗教改革を支持し、教会批判にとどまらず、封建領主による収奪が強まって苦しんでいる農民の救済をめざし、農奴制の廃止、封建地代の軽減、裁判の公正などを要求した。島原天草一揆と同様、キリスト教思想に基づいた宗教的、経済的、政治的叛乱・戦争であったと考えられるからである。

4　一揆の陣中で決まった第五次鎖国令

将軍家光は、一六三三（寛永十）年の第一次鎖国令を皮切りに、三四年（第二次）、三五年（第三次）、三六年（第四次）、三九年（第五次）と、以下のように五回にわたって発布した。

・第一次・第二次：奉書船以外の日本人の海外渡航の禁止
　（奉書船：海外渡航許可を証明する将軍の朱印状と老中奉書の交付を受けた貿易船）
・第三次：日本人の海外渡航と在留日本人の帰国の禁止、および外国船の貿易統制
・第四次：日本人とポルトガル人との間にできた混血児の海外追放
・第五次：ポルトガル船の来航禁止

いずれもキリスト教の禁止を柱としたものであった。とくに第五次鎖国令において、ポルトガルとの通航禁止が定められたが、キリスト教の禁止こそが鎖国令の本質であり、海外渡航の

禁止や貿易統制などは禁教を実現するための副次的要素に過ぎなかった（浅見　２０１６：１９１頁）。幕府はイエズス会と密接に結びついているポルトガル貿易を一切断念することによって、宣教師の侵入防止を企図したのである。

ここで留意すべきは、この第五次鎖国令が第一次〜第四次と違って内外に向かって広く公布されたことであった。鎖国令の第四次と第五次の間には、幕府を揺るがした大きな状況の変化、すなわち、島原天草一揆が勃発した。一揆の衝撃を受けた幕藩権力にとって、キリシタン禁制は徹底的に貫徹しなければならない政策となった。以後、幕藩権力はキリシタン根絶のための方策を模索していくようになる（大橋　２０１９：46頁）。

このように、第五次鎖国令の枠組みが、島原天草一揆の陣中で決まった経緯について、吉村豊雄は次のように述べている。徳川政権は島原天草一揆直前の時期において、すでに本格的な鎖国に向けた外交政策の方向を固めており、一揆が起きたことで、この国策を前倒しして実行に移したという指摘である。

（老中の）松平信綱は一六三七（寛永十五）年一月四日に着陣しており、着陣と同時に国策次元の判断をしている。思うに幕府は、島原天草一揆直前の時期には、鎖国に向けた外交の方向を固め、キリシタン一揆が起きたことで、板倉重昌（一揆討伐の総大将）についで戦後処理も含め年寄の松平信綱を上使として派遣するに際し、場合によってはこの国策を前倒しで判断する権限を松平信綱に与えていたことも想定される（吉村　２０１７ａ：２４０頁）。

三　天草における地域的展開のケース　―禁教・弾圧期―

1　キリシタン大名寺沢広高、寛容から弾圧へ

先に述べたように、天草は小西行長の庇護の下、キリシタンの全盛時代を迎えたが、一六〇〇（慶長五）年の関ヶ原の戦いにおける小西の死により、イエズス会は有力な支持者を失った。当時、天草のレジデンシア（司祭館）は、志岐が神父一人、同宿三人、小物六人、上津浦が神父一人、修道士一人、同宿三人、小物五人、﨑津が神父一人、修道士一人、同宿三人、小物五人から構成されていた（五野井　２０１４：１５２頁）。

天草はその後、熊本城主加藤清正の治下となる。一六〇〇年十月、加藤清正軍は天草に入った。肥後キリシタンは清正の時代になって圧迫を受け、教会施設の多くが破壊され、キリシタン武士は知行を奪われて追放され、多くの信者は新領主に服従した。

このような清正のキリシタンの迫害と追放について、今村義孝は以下のように指摘する。

単に対立者小西行長に対する憎悪や法華信者といわれる清正の宗教的な嫌悪感のみにその原因を求めることはできない。清正が肥後南部小西領内に藩権力の浸透を謀り、封建的支配を高めるためには、キリシタン大名行長の政治的支配と庇護のもとに生長しつつある宗教的連

携をともに断ち切る必要があった（今村　１９９７：18～19頁）。

しかし、日蓮宗信者の清正はキリシタンの天草を嫌ったのか、幕府に替地を願い出て許された。その結果、肥前唐津の大名・寺沢広高が天草を飛び地として領することになった。

安高啓明は、寺沢広高には①唐津支配・長崎奉行就任、②キリシタン大名時代、③棄教、そして弾圧者としての各期があったと指摘する。以下はその論考の要約である（五野井監修　２０１７：３５０～３５８頁）。

・一五九二（文禄元）年、唐津城主兼帯の長崎奉行に就任し、長崎の岬にあったイエズス会の教会と修院（カーサ）の破壊など、豊臣秀吉による一連のキリシタン政策を長崎奉行として担った。

・一五九四年以降、イエズス会副管区長が授礼し、キリシタン大名となった。イエズス会は、有馬晴信や大村喜前と並んでキリシタン大名となったことを歓迎した。

・しかし、その後、禁教に転じ、寺沢のイエズス会への対応は一変する。長崎代官（奉行）の長谷川藤広と協議して禁教政策に着手し、さらに唐津に戻ると、天草領富岡城代の三宅藤兵衛を呼び出してキリシタン弾圧を厳命した。

寺沢は赴任当初、イエズス会に志岐に新しい教会を建立すべき土地を授け、宣教師たちにも生活と布教のための資金を与えている。小西行長の支配が終わったからといって、十数年間の統治の間に形成されたキリシタン信徒の勢力を無視して統治を行うことは問題外だったのであろう。

また、天草に在藩する寺沢家家臣団の一部には、富岡の城から志岐の教会に出かけてキリシタンになる者も現れた。寺沢には、キリシタンへの寛容を示さねばならぬ大きな理由が存在したのである。彼は弾圧を強行すれば、キリシタン領民が領外に逃散して、天草経営に支障をきたすという危惧の念を抱いていたからである（北野 1987：75〜77頁）。

やがて、天草キリシタンは、寺沢の支配下で転換期を迎える。

安高啓明は、キリシタン大名に、深く帰依してキリスト教の教義に忠実な「救済的信仰者」と、時勢を見極め現世利益の獲得と既得権益の確保のための「政治的信仰者」があるとすれば、寺沢は確実に後者にあたると述べている（五野井監修 2017：359頁）。

寺沢は受洗しキリシタン大名になっていたものの、その振る舞いは、豊臣秀吉のもとで、そして徳川家康への統治機構の移行にともなって、時勢を見極めた対応に終始した。当初はイエズス会を支援する立場のキリシタン大名となりながら、秀吉の意向を受けて弾圧側に転じたのである（同 352頁）。

2 天草学林（天草のコレジョ）の分割、そして閉鎖

先に述べたように、天草学林（天草のコレジョ）は一五九一（天正十九）年五月、河内浦に誘致されたが、九三年二月、島内三ヵ所への分離を経て、九七年にノヴィシアド（修練院）とと

もに、イエズス会の中心的な拠点であった長崎へと移転した。この天草学林の分割、そして閉鎖の背景には、イエズス会ひいては天草キリシタンが置かれた厳しい環境があった。一五九二（文禄元）年十月以降の秀吉の肥前・名護屋城滞在がイエズス会にとって非常な脅威となったからである。天草に大きなコレジョを再建していることを秀吉に察知された場合、宣教師やキリシタンに対し再び怒りを爆発させる可能性があった。そのため、キリシタン大名たちは秀吉が西下する前にコレジョを解体するようイエズス会に懇請したが、イエズス会はコレジョをこれまで通り天草から撤去せず、三ヵ所に分割してその存在を「隠匿」することを決定した。その結果、ラテン語初級の学生を大江に、第二級の学生を久玉に移し、残りの学生等はコレジョの中に残留させた。

さらにもう一つの心理的圧力があった。名護屋築城のための木材を天草で探し歩く秀吉の役人によって発見される恐れがあることだった。しかし、天草は遠隔地で街道から離れており、大切な木材を名護屋に運ぶには大きな困難を伴うものであったので役人たちは断念して引き返した経緯がある。三ヵ月後、宣教師や学生全員がコレジョに戻った（今村　１９９０：１２４～１２８頁）。

しかし、それは束の間の平穏であり、コレジョにも危機が迫っていた。秀吉は先に伴天連追放令を公布したが、当初、イエズス会の潜伏伝道を強く追及することはなかった。教会を追及することによって貿易の利を失うことを恐れて、教会側が潜伏して表立たない限り、取締まりを緩やかにしていたからである。最終的にコレジョの閉鎖の要因となったのが、秀吉によるキリシタン禁圧政策の強化である。彼はキリスト教に国土征服の領土的野心ありとして、一五九七（慶長二）年、慶長のキリシタン禁令を公布した。

その直接的契機として、①フランシスコ会、アウグスチノ会、ドミニコ会などの積極的な日本伝道の開始、②一五九六（慶長元）年十月のスペイン船のサン・フェリペ号事件が挙げられる。

前者は、一五九〇年頃以降、マニラを拠点とする諸修道会が日本伝道を志し、その宣教師らが渡来して、大坂や京都に許可を得ずに布教を開始し、さらにはその土地に会堂を建設したことであり、これが秀吉の怒りをかい、キリシタン禁圧の徹底化につながった。後者は、サン・フェリペ号が土佐浦戸沖へ漂着した際、スペインは新しい土地に宣教師を派遣してキリスト教を布教し、信者が増加した段階で軍隊を派遣し、キリシタンの手引きでその地方を占領するのだと水先案内が話したことに端を発する。

一五九六年八月、日本主教に任命されて来日したペドロ・マルチネスは、秀吉への表敬のため都に上がるが、その滞在中にサン・フェリペ号事件が起こり、秀吉の強圧策を知り、急遽天草に帰り、種々対策を協議したといわれる。その結果、天草のコレジョおよびノヴィシアドを破壊すること、そこにいるパーデレ、イルマンおよび下（シモ）の地方に散在しているパーデレたちが秀吉および奉行の布告を良く遵守すると見せかけるため、長崎に集まることを決定した（同　１３０頁ほか）。

このような経緯を経て天草のコレジョ、ノヴィシアドは閉鎖され、一五九七年に長崎へ移設されたのである。

３　天草学林の歴史的意義とは何か

コレジョの天草移転の契機となったのは、一五八七（天正一五）年の伴天連追放令であった。キリスト教を神仏信仰を破壊するものと見なして禁教令を公布したことによって、学林は移転を余儀なくされ、一五九一年、天草に移され、天草学林（天草コレジョ）が設立された。

当時、日本でただ一つのキリシタン学府の地となった天草学林は、一五九二（文禄元）年時点で、教授七名（スペイン人三名、ポルトガル人、日本人各二名）、学生四二名（外人七名、日本人三五名）で構成された（鶴田編　１９９５：２１８頁）。学生の中には、一五八二年から九〇年、天正遣欧使節としてローマを訪れた千々石ミゲル、中浦ジュリアン、原マルチノ、伊東マンショもいた。のちに棄教した千々石ミゲルを除く三名は一五九一年にイエズス会士となっている。

天草コレジョでは、以下のようなカリキュラムが開講された（同　２１８〜２１９頁）（括弧内は教科書）。

・語学科目：ラテン語第一級（ラテン文典）

　　ラテン語第二級（ラテン語・ポルトガル語・日本語対訳辞典）

・教養科目：ラテン文学（イグナチウス・ロヨラの体験修練書、イソポのファブラス、キケロの演説集）

日本文学（平家物語、日本語の文奉書・辞書ほか）
天文学（天球論）
哲学（アリストテレス霊魂論のスコラ哲学的学説書）
倫理学（新約聖書の使徒言行録ほか）
宗教学（ドチリナ・キリシタンほか）
・専門科目：神学（トマス・アクィナス神学綱要の学説書）

この天草学林（天草コレジョ）の所在地について、研究者によって、天草学林時代（一五九一年〜一五九八年）の本渡（本砥）を天草と称していたことによる本渡説と、天草学林時代の河内浦を天草だとする「河内浦説」が存在する。本渡説の立場に立つのが新村出・金子吾郎、河内浦説の立場に立つのが岡田章雄・松田毅一・鶴田倉造・今村義孝の各氏である。

天草学林については、その位置、歴史、コレジョの教育カリキュラム、コレジョ出身者の動静、およびキリシタン版天草本など、今日まで各方面からの研究がキリシタン史研究者によってなされてきた。なぜこのように多くの関心の的になりえたのか。コレジョがカトリックの神学を中心としたものとはいえ、当時、語学、文学、哲学、法学、天文学など学問の高度な大学校で、教育の中心的存在であったからである。

十六世紀末という近世初期に、九州の一角で、西洋式の教育科目を多くの学生が学び、さらにはキリシタン版天草本の印刷・出版が行われたという事実は、歴史的意義をもつものであった。

一五九〇（天正十八）年に帰国した天正少年遣欧使節がもたらした西欧式活版印刷機によって肥前・加津佐において始められたキリシタン版の出版は、天草においても続けられた。教義書の『ドチリナ・キリシタン（Doctrina Christa）』、『ヒデスの導師（Fides no Doxi）』や文学書の『平家物語』『伊曾保物語』、辞書『羅葡日辞典』など、七年間で十三冊の日本語、ローマ字本、ラテン本が出版された。「天草本」または「天草版」と呼ばれる。

ただ、加津佐、天草、長崎で印刷されたこれらのキリシタン本は、農民層が大多数を占めるキリシタンにとってどのように受け入れられたのだろうか。

ルイス・フロイスは、「キリシタンの教義を少年たちに教え、説教によって人々を助け、多くの混乱や不和を正し、人々を邪悪な生活の汚濁から引き揚げること等が、我らの同僚たちが絶え間なく実行することであった。（中略）非常に健全な洗礼を授かったが、これらキリシタンたちの間に配布されていた霊的な小冊子がたいへん役立った」と述べている（一五九五年十月二十日付『十六・七世紀イエズス会日本報告集　第一期第二巻』）。

これに対し、宮崎賢太郎はこれらの書が受洗者獲得の大きな力になったことを認めつつも、「実際にはポルトガル語やラテン語も多く混じるその文章を理解できたのは、宣教師や同宿の丁寧な説明を聞ける立場にあって高い教養を身につけた一部の者に限られていたはずである。一般民衆の中でこれを読んでキリスト教徒とは何か理解できた者が皆無に近かったことは想像に難くない」と指摘する（宮崎　２０１８：78頁）。

4 島原天草一揆と「立ち帰り」キリシタン

徳川家康の禁教令が出された一六一四（慶長十九）年は、天草のキリシタン受難が本格化した年であった。幕府の禁教令発令以前の寺沢統治下の天草では、イエズス会の宣教師たちが志岐、上津浦の村々で伝道を続けていた。寺沢が放任していたこともあり、志岐と上津浦の司祭館（レジデンシア）は健在であった。上津浦の宣教師は足を延ばして肥後方面にまで伝道した。しかし、キリシタン禁令後の厳しい迫害はこれを寸断した。幕府が宣教師に五日以内に長崎に退去することを申し渡したことによって、天草全島に残存する宣教師の最終的な追放が強行されたからである。

志岐の教会にいたガルシア・ガルシェス、上津浦の教会にいたマルコス・フェラロ両神父は同年二月、長崎へ送られた。寺沢の命を受けて富岡城番代川村四郎左衛門が天草全島に残存する宣教師の最終的追放を強行したのである。日本各地でも同様の事態が起こっていた。天草の二人の宣教師は、全国から集められた各会派の宣教師たちとともに、十月、長崎から国外追放された（北野 １９８７：82頁）。

ガルシェス神父から後事を託されたのが、看坊（教界の世話役、精神的な指導者）の荒川アダムであった。彼は同地のキリシタン教界の教化にあたっていたが、同年六月、捕らえられて棄教を迫られた。しかし棄教を拒否したたため、斬首刑となった。

荒川アダムの殉教についてては、その拷問と殉教の実態をキリシタンに見せるわけにはいかず、処刑は人知れず行われたと伝えられている。天草における最初の殉教者であった（五野井　２０１４：１５３頁）。荒川アダムの殉教を皮切りに、天草でも、徹底したキリシタン弾圧が展開された。

ここで注目すべきは、当該時期の島原および天草において、かつて禁教令によって棄教に追いやられたキリシタンの立ち帰り現象が見られたことである。「立ち帰り」というのは、棄教した旧キリシタンからキリシタンに戻ることである。

なぜ棄教した旧キリシタンがこの期に及んで立ち帰らねばならなかったのか。

島原においては、一六三四（寛永十一）年以来、連年の凶作、島原藩による極度の収奪によって彼らが追い詰められていた。とくに一六三七年の秋はそれまでの未進米の納入を厳しく迫られ、かつて心ならずも捨てさせられた信仰が頼るべき命綱に見えたので、天草においても、同年秋には各所でキリシタンへの立ち帰り現象が生じていた（渡辺　２０１７：３８２頁ほか）。その中には島原天草一揆に参加した農民がいた。

一揆に参加した農民の中には、諸国からの亡命者、在地の帰農武士等がなお存在した。彼らは地下組織のコンフラリアを通して結びつき、領主の苛政に反発し、キリシタンに立ち帰って参加し、一揆が起こった。先に述べたように、その中で天草四郎という人物がメシアとして出現したことが多くの旧キリシタンの立ち帰りを引き起こした（彌永　１９８６：１８９頁、渡辺　２０１７：３８７頁）。

＊第8章 「隠れ」から「崩れ」へ

一 潜伏・崩れ期

1 「隠れ」を選択したキリシタン

潜伏・崩れ期は、一六三九（寛永十六）年、徳川家光が諸大名にキリシタン禁制を厳命したことに始まる。それは国内の宣教師とキリシタンの存続を完全に否定するものであり、キリシタンに対する迫害と弾圧の制度となった。家光によって推進されたキリシタン禁制は激烈を極め、キリシタンは棄教と転宗、殉教、潜伏、崩れなど多様な道を辿った。

この間、徳川政権は、日本が神国であり、カトリック諸国の侵略・征服から国を守ることが国是であるとして、全国にわたってキリシタンに対して弾圧と迫害が加えられた。外国人宣教師の国外からの潜入を防ぐ方法が強化され、残存キリシタンと見なされた人々は厳重に監視された。

潜伏・崩れ期における主要事項は以下の各点である。

一六三九（寛永一六）年	家光、諸大名にキリシタン禁制を厳命。ポルトガル船の来航禁止布達
一六四三（寛永二〇）年	訴人褒賞制と五人組制を結び付け、キリシタン摘発を五人組の連帯責任とする
一六四四（正保　元）年	国内最後の神父である小西マンショが殉教
一六五七（明暦　三）年	郡崩れ（大村藩）。翌年までに六〇三名を召補。牢死七八名、斬首四一一名
一六六四（寛文　四）年	尾張で信者二〇七人処刑。幕府、諸藩・代官所に宗門改役の設置を義務付ける
一六七一（寛文一一）年	幕府、宗門人別改帳作成を布達
一七九〇（寛政　二）年	浦上一番崩れ、以後二番崩れ（一八四二）、三番崩れ（五六）、四番崩れ（六七）
一八〇四（文化　元）年	天草崩れ、四カ村約五〇〇〇名取り調べ。のち「異宗徒」として決着
一八五八（安政　五）年	日米修好条約締結。絵踏廃止をもりこむ
一八七三（明治　六）年	キリシタン禁制の高札が撤去

キリスト教禁制下において、キリシタンが選んだ道は殉教だけではなかった。彼らには、他に選択肢があった。キリシタン信仰をやめること（棄教、転宗＝転び）、そして棄教を宣言しながら密かにキリシタン信仰を続けること（潜伏信仰）である。

実際には、棄教したキリシタンが最も多かった。次に多かったのが、潜伏信仰者であったことは間違いなく、殉教者は最も少なかった。徳川幕府の迫害によって、少なくとも五〇〇〇人以上のキリシタンが信仰のため命を落としたとされている（東馬場　２０１８：２３２、２３４頁）。

この全国的なキリシタン禁制下におけるキリスト教界の特徴について、中園成生の論考を要約する（中園　２０１８：60〜61頁）。

・宣教師や主だったキリシタン信者は海外に追放され、教会堂や十字架は破壊された。しかし、各地の信者の中には、信仰の組（コンフラリア）に拠って信仰を継続した者がおり、宣教師も潜伏しながら信者への聖務を続けた。
・禁教当初は海外から日本に潜入する宣教師も後を絶たなかったが、幕府や諸藩による宣教師や信者の逮捕・処刑も次第に苛烈になっていった。
・一六四四（正保元）年に最後の宣教師・小西マンショが処刑されたことで、日本におけるキリスト教信仰の布教サイドが消滅した。その結果、信者とローマ教会との結びつきはすべて絶たれ、潜伏信仰への移行が行われた。

ここで重要なことは、キリシタン根絶を目的とした各種の詮索制度、後述する訴人褒賞・寺請・絵踏・五人組などが整備または創設され、教界関係者の摘発が相次いだことである。これらの施策が実施された結果、キリシタンは表向きは全く姿を消すことになったが、多くのキリシタンが信仰を秘匿しながら潜伏を続けた。

２　隠れキリシタンにおける「見えざる教会」

ここで、キリシタンの潜伏地域におけるコンフラリア（組・信心講）の実相について見ておきたい。日本のキリシタン拡大と隠れキリシタンが迫害の時代を生き抜く上で、重要な役割を果たしたのが、このコンフラリアであった。

コンフラリアは、通常、小組・大組および親組に別れ、小組は大組を、大組は地域的にまとめられて親組を構成した。組の攻勢はあらゆる階層を信仰の前では平等として、武士と農民、町民、地主あるいは家主と下男・下女、貧富、老壮幼、男女差別なしに組織されていた（今村１９９７：70頁）。

一五八〇年代以降、宣教師が日本を離れ始めると、コンフラリアの役職者が宣教師に代わってキリシタン共同体の中心的機能を担った。こうした組織に支えられて、隠れキリシタンは迫害の時代を生き抜くことができたのである（関・踊２０１６：２１９〜２２０頁）。

その代表的な事例として、平戸や豊後府内、長崎に設立されたイエズス会系の「慈悲の組」があった。ここでは、会員から選出された数名の「慈悲役」が貧民や病人への慈善活動を実践したばかりか、組織内部の平和維持、会員の埋葬に主導的役割を担った。施療院が会員の寄付金によって運営された（同）。

このような潜伏下の信仰組織については、多くの研究者による実証的研究が蓄積されている。その中で、中園成生の研究は、①生月島・平戸島西岸（長崎）、②浦上（同）、③外海《そとめ》（同）、④五島（同）、⑤天草（熊本）、⑥今村（福岡・大刀洗町）、⑦千堤寺・下音羽（大阪・茨木市）の地域ごとに、歴史、信仰組織、聖地、信仰具、行事、オラショ、他の宗教・信仰との関係を取り上げている（中園　２０１８：63～１８６頁）。

ここで重要なことは、キリスト禁制下で、隠れキリシタンには実在する「見える教会」の存在はもはや許されなかったことであり、彼らが互いに生き続けていくためには、「見えざる教会」、すなわち、地下的・非合法的な宗教上の共同体を必要としたのである。

宣教師やイルマン（修道士）が追放あるいは殺害、ひいては殉教によってカトリック教会の指導者がいなくなったとき、キリシタンを導き率いたのは、同宿（伝道士）や看坊（教会世話役）であり、彼らの役目に似た役割を代行した信者の指導層であった。

このように、コンフラリアは本来、一般庶民に対する社会事業による物質的救済を施すとともに、信徒間の相互援助を奨励する組織であった（鈴木　２０１７：38～39頁）。その意味で、コンフラリアは信仰のための組織であり、強化されつつあった封建体制への抵抗の組織ではなかったことに留意すべきであろう。

徳川政権の禁教政策によってキリシタンは表向きは消滅したが、その一部は信仰を秘匿しながら潜伏したが、彼らの潜伏を可能にしたものとしてコンフラリアという信徒組織の存在があったのである（浅見　２０１６：２０８頁）。

コンフラリアは、イエズス会をはじめ、後に日本伝道を開始したフランシスコ会、アウグスチノ会、ドミニコ会の諸集団の指導によって結成された「信心会」、「兄弟団」などと呼ばれる信徒集団組織である。予想される迫害の強化に伴う困難な事態の時にも信仰を維持し、「神の恩恵」を受けられるような組織の必要性を痛感したからであった（今村　１９９７：60頁）。片岡弥吉は、長崎の浦上、外海、五島、生月のケースを以下のように述べている。

浦上では、総領―触頭（各郷に一人ずつ）―聞役（各自に一人ずつ）という指導系統があり、信徒たちは一般にそれを帳方―水方―聞役と称していた。帳方は最高指導者で、「バスチャンさまの日繰り」（教会暦）から年間の祝日を繰り出し、畑仕事、裁縫などを休むべき日や肉食の禁忌日（ゼゼンの日）などを毎週知らせる。教理や祈りを伝承する。水方は授け役ともいい、洗礼を授ける。外海では、帳方、水方、聞役、五島ではお帳役、看坊（授け役）、取次役（触役）といい、五島の一部では取次役を宿老《しくろ》ともいった。生月では、爺役―ご番役―み弟子という系統が継承され、爺役は洗礼の授け役、ご番役は納戸神を保管し祭りその家を「つもと」という。み弟子は組織の下部単位であるコンパンヤの頭である（片岡　２０１０ａ：３７３頁）。

ちなみに、生月島では、今でも隠れキリシタンの流れをくみ、伝統行事を守る六つの組と信者約五〇〇人が存在する。伝統行事はこの組単位で行われている。各組にはご神体があり、「親父役」が自宅で守っている。カトリックの暦日に沿った行事には信者が親父役の家に集まり、ご神体を前に祈りの言葉である「オラショ」を唱えている（日本経済新聞 二〇〇五年十二月七日）。

このように、信仰維持のための潜伏組織であるコンフラリアは、秀吉の伴天連追放令によって宣教師の大多数が国外に追放され、宣教師不在の潜伏時代に入ると、組頭を中心に教義、儀礼の維持を謀り、取締役人の目を逃れるためのさまざまな工夫を凝らした。潜伏伝道を行うにしても迫害の目を逃れることは容易ではなくなり、信仰を維持し、堅め（堅信）、それを広め、殉教への確信を抱くための組織となったのである。

3 キリスト教禁圧の制度化

一六四〇（寛永十七）年、徳川政権は直轄領に宗門改役を設置して、キリシタンには転宗を強制し、従わないキリシタンには死罪を科した。キリシタンの摘発と弾圧の強化である。

宗門改は士農工商を問わず、所属する宗旨を毎年定期的に檀那寺の証明を添えて提出させる宗教政策であった。

一戸ごとに宗旨を示す宗門改帳や宗旨人別帳が作成され、住民管理の戸籍係の役割を果たした。幕府はこの宗門改をはじめとする連座処罰と懸賞訴人（訴人褒賞）、寺請制度、絵踏など、さまざまなキリシタン禁教施策を実行に移した。

なぜ、このような検索制度の実施に踏み切ったのか。

島原天草一揆後、徳川政権は鎖国体制を確立する一方で、キリシタン禁教政策をさらに組織的・制度的に実施する必要に迫られたからである。

その代表的な制度が、宗門改（信仰の調査）であった。

この間、一六六四（寛文四）年、幕府は一万石以上の諸大名に対して専任の宗門改役人を置くように定めて毎年家中領内の宗門改をすべきことを命じた。これ以降、毎年宗門改帳が各地で作成されるようになる。これに伴って、幕府による全国民掌握が可能となった（五野井　1990：234頁）。

幕府の初代宗門改役を命ぜられ、全国の禁教政策を統括する要職に就いたのが、かつて蒲生家の家臣としてキリシタンであった背教者の井上政重筑後守である。

キリシタンの迫害・殉教図。幕府はキリシタンを拷問、強制改宗に屈しなかった者は処刑された。その光景は、ジャン・クラッセ（1618-1692、フランス人イエズス会司祭）など外国人によっても描かれている（出典：クラッセ『日本西教史　上巻』1930年）

宗門改役井上の登場について、大橋幸泰は、「寛永の飢饉と呼ばれる経済問題と、島原天草一揆で一揆結集の核となったキリシタンの根絶をめざす宗教問題とが、当該時期の幕藩権力の主要な課題であり、キリシタン探索の緻密化が目指されるなかで両者が分掌化され、一六四三（寛永二十）年以降、事実上一元的に井上のもとで隠れキリシタンの摘発を全国的に推進するという宗門改役が成立した」と指摘する（大橋　２０１９：47頁）。

このように、近世日本ではキリスト教禁教政策が行われたことによって、武家政権の民衆支配が強化されたことに留意すべきである。厳しい監視と摘発が行われ結果、表面的にはキリシタンは全国的に根絶した。

４　キリシタン諸検索諸制度の実際

幕府は宗門改に当たって、キリシタン諸検索制度、すなわち、「五人組」による相互連帯責任制、「嘱託銀」（高札に記された訴人への賞金）による訴人奨励制、「類族改」による殉教者一族監視制、「絵踏」と呼ばれる心理的信者発見制度を取り入れた。

まず、隠れキリシタンに関する訴人褒賞は、すでに一六一八（元和四）年、長崎で開始されており、幕府によるキリシタン禁制の強化とともに各地で導入された。この制度が全国的に採用される契機となったのは一六三七（寛永十四）年に起こった島原天草一揆であり、一揆後、幕末まで続いた。

このキリシタン取り締まりの諸制度はその後も存続し、禁制の高札も絵踏も、幕末に至るまで二〇〇余年にわたり維持された。そこでは、政権に逆らう者は国家への敵対者＝宗教的異端者であるとして、政治権力は仏教を国家統合の手段として利用した。キリスト教が中世日本の秩序・統合原理である「神国思想」に馴染まないという理由から、キリスト教弾圧が強化されたのである。

初代宗門改役となった井上政重は、仏寺の檀那であることを証明する寺請制度を利用して宗門改を定着させる同時に、農民統制を推進していった。宗門改は検挙して改心させることを意図し、棄教を誓った者には他のキリシタンの所在を自白させて芋づる式に捜索する方法を採用した。寺請制度の目的は、仏教による思想統一とキリシタン検索の強化にあった。寺請制度は宗門改と並んでキリスト教禁教策の主要なものであった。

徳川時代の仏教は全く幕府の御用宗教化していた。仏教によって思想統一とキリシタン検索を強化したので、住民は必ず何宗何寺の檀家でなければならず、檀家がキリシタンでないことを監視し、保証する責任を負わされた（片岡　２０１０：３５４頁）。

このように、寺請はキリシタンを登録し、その改宗を寺（檀那寺）に証明させる制度として始まったが、のちに全住民に対しても全国的に実施させ、偽装改宗者と一般住民を区別するため、宗門改が実施されたのである。このことは、ただキリシタンのためだけではなく、むしろ反体制的な思想と行動とに対する見せしめの効果をねらっていたことを意味する（鈴木　２０１７：48～49頁）。

そこでは、檀那寺はどのような役割を担っていたのか。

檀家の家族全員の名前を記した宗旨人別帳を整理し、一族の戸籍事務を扱い、法要、墓地などの祭祀はもちろん、出生・死亡・旅行・婚姻・奉公などすべて檀那寺に届けなければならなかった。このようにして仏寺は社会の末端組織の管理とキリシタン検索の責任を併せ担うことになった。その際、キリシタン本人（転宗、殉教者も含めて）から男子は六代、女子は三代までの「類族帳」の作成を諸藩に命じた。五人組制とは、住民による年貢納入と犯罪防止の連帯責任の制度で、一六二〇年代以降全国に広げられた。

このなかで、絵踏は宗門改と同時に、年に数度、聖具（キリストや聖母が彫られた板など―引用者―）を「踏みにじる」という侮辱的行為をもってキリシタンか否かの根拠とした（安高 2018：32頁）。絵踏を拒んだ場合はキリスト教徒として処罰された。この絵踏は長崎をはじめ、九州のキリシタンの多い地方で、毎年行われつづけた。

二 「崩れ」＝隠れキリシタンの露呈

1 隠れキリシタン村落の集団露呈

前項で述べたように、多くのキリシタンは表面上は棄教し、仏教徒になることで、キリシタン禁制政策に対処しながらも地下に潜り、信仰を続けた。

一方、徳川政権は、先に述べたように、島原天草一揆後の一六四〇年代から五〇年代にかけて、宗門改役の井上政重の指導で全国的なキリシタンの摘発を進めた。そして十七世紀中頃には宗門改の全国的制度化が実現した。

その過程で、大村（郡崩れ）・豊後（豊後崩れ）・美濃と尾張（濃尾崩れ）などで、集団的に信仰を保持していた隠れキリシタンが大量に検挙された。

このようなキリシタンの露呈・検挙は「崩れ」と呼ばれる。隠れキリシタンの大量検挙によって潜伏組織が崩壊に瀕したからである。潜伏が露呈したのは、当局が進んで探索して検挙したのではなく、偶然のことからの密告に起因する場合が多かったといわれる。私怨のために摘発したり、仏寺の寄付金に応じなかったことなどから発覚したケースもあった。これらの「崩れ」では、被疑者となった信徒たちは「切支丹」と認定されて処刑された。

ここでは、数々の「崩れ」のなかで、その端緒的事件となった肥前・大村藩郡村の「郡山崩れ」を取り上げてみよう。一六五七（明暦三）年、隠れキリシタンの大規模な検挙が行われ、同地方の信仰組織は壊滅的な打撃を受けた。この大量検挙によって潜伏組織が崩壊に瀕した「郡崩れ」の顚末は次のようなものである。片岡弥吉の論考から参照する。

大村藩・郡村の七十五歳の老婆が岩窟の中でマリア像を祈って信者を集め、天草四郎に勝るような神童で十三になる孫がキリシタンの御代を興こす天命を受けていると称し、キリシタンの《よか世》になると予言して信者を糾合していたといわれる。このことを一信者が長崎の知人に洩らしたことから、奉行の耳に入り、直ちに逮捕が開始され、郡村を中心に大村全領にわたって二ヵ月余の間に六〇八名が検挙された。捕えられた女子・子供は主として佐賀・平戸・島原の牢舎へ送り、男子は大村と長崎に分置して吟味した。そして翌年七月に四一一人が断罪に処され、牢内病死七八名、永牢二〇名という処分が実行された（片岡 ２０１０ａ：３７４頁ほか）。

かつてキリシタン大名・大村純忠の時代に、集団改宗によって全領内六万人を数えたといわれたキリシタンが、純忠の子喜前の棄教と宣教師追放、一六一四（慶長十九）年の幕府による全国的弾圧開始で崩壊に瀕し、外海、平島と大村領四ヵ村を除いて、幕末まで表向きは一人のキリシタンも見られなくなったのは、「郡崩れ」後の徹底的検索と仏教化政策によるものであった（同）。

ここで留意すべきは、「郡崩れ」を契機として、大村藩以外の地域に検挙の手が伸びたことである。主として豊後など九州と美濃・尾張の地方であったが、九州ではその後十年余りも続いた。キリシタンの検挙は明暦年間（一六五五〜一六六〇年）に始まり、寛文年間（一六六一〜一六七二年）に頂点に達し、次の延宝・天和年間には減少した。

西北九州をはじめ、各地にキリシタンは潜伏していた。それが徳川幕府が終末に近づくに従って顕在化した。その中で、大規模かつ象徴的な事例が四回にわたって発生した「浦上崩れ」

であった。

2 「浦上崩れ」のケース

十八世紀以降十九世紀中期までに長崎・浦上において、禁止されていたキリスト教を信仰している者の存在が問題化する事件、すなわち、「浦上一番崩れ」、「浦上二番崩れ」、「浦上三番崩れ」、「浦上四番崩れ」へと続く事件が断続的に起こった。

四回にわたる浦上の事件は、まず二〇〇年来潜伏していたキリシタンが檀那寺へ寄付金を拒んだことから、一七九〇（寛政二）年に発覚した。信徒十九名が捕えられたが、証拠不十分とされ、翌年に一応解決した（浦上一番崩れ）。一八四二（天保十三）年、再度の迫害（浦上二番崩れ）が起こり、一八五六（安政三）年、三度目の召捕り（浦上三番崩れ）があった。

しかし、信者はみな「知らぬ存ぜず」と強情に言い張り、長崎奉行所は「以後さっと慎め」というような経過で一段落をつけた。しかし、この事件では、出獄者も村預け、監視付きという状態に置かれ、奉行所でも監視を怠らなかった。これらの事件では、幕府は国禁を犯すキリシタンと荒立てないで、みな「異宗（法）一件」と呼んで、ただ改心を誓わせて寛大に落着させた。

しかしながら、一八六七（慶応三）年の浦上四番崩れは、潜伏キリシタンと外国人宣教師との連絡に発し、信者は公然とその信仰を主張して曲げないので、潜伏ではなく純然たる「復活」として表面化した。したがって、当局もこれまでのように単に異宗として片づけることができず、公けに国禁のキリシタンとして処分しなければならなくなった（片岡２０１０ａ：３７７〜４２５頁）。

この四番崩れでは、浦上潜伏キリシタンが次々と逮捕され、その数は最終的には三三九四人に及んだといわれる。翌一八六七（明治元）年、浦上キリシタンは一村総流罪となり、西国二十藩に配流された。

このように、「浦上四番崩れ」を機に、キリシタンへの弾圧が再燃した。時はすでに明治維新期であった。明治新政府はキリシタン禁制の踏襲を表明したが、欧米各国公使団から度重なる抗議、警告を受けて、一八七二（明治五）年、ついに帰村を命じた。そして一八七三年二月二十四日、隠れキリシタンは太政官布告により邪宗門禁制の高札が撤去されるその日に、信仰の自由を得たのである。

三　天草における地域的展開のケース　―潜伏・崩れ期―

１　なぜ禁教下での信仰維持が可能だったのか

一六〇五（慶長十）年、徳川幕府のキリスト教政策の転換を機に、キリシタンの迫害がまず武士層から始まった。天草においても、寺沢広高がキリシタン家臣の追放を謀り、迫害を開始した。一方、農民層に対しては当初徹底的な処罰は行われなかった。

全島の多くがキリシタン農民であった天草では、彼らを放逐すれば人口が減少するため、追放することができなかったからである。先に述べたように、キリシタン弾圧を強行すれば、同宗の農民が逃散してしまう。キリシタンを野放しにすれば、公儀の方針に反することになる。寺沢の天草経営は巧妙なバランス感覚をもってなされていた（北野　１９８７：80頁）。

しかし、一六一二（慶長十七）年の家康によるキリシタン禁令の発布後、寺沢広高は志岐と上津浦を除いて、すべての教会を破壊する挙に出た。﨑津のレジデンシアも廃止された。そして、一六一六（元和二）年、農民層までのキリシタン宗門の禁止徹底という布達以降は、宗門人別帳制度や絵踏などの施策を実施し、その結果、寛永年間に入っても苛烈な迫害が続いた。

このように、天草におけるキリスト教界は、寺沢統治下になって状況が一変した。そこでは、キリシタンの指導的立場にあった者が処刑される一方で、多くのキリシタン農民が潜伏した。以後、かっての宣教時代には全島民三～四万人のうち、三万人がキリシタンであったのが、一六〇〇年当時には一万四〇〇〇人に半減し、その一〇〇年後にはさらに一万人へと減少したといわれる。そして天草のキリシタンは潜伏して信仰を維持することになる。

彼らはなぜ隠れキリシタンとして信仰を永く維持することができたのか。

その一因として、先に述べたコンフラリア（組・信心講）という地下的組織の中で、多少とも組織化された指導者がいて信仰を指導し、宗教的行事に携わっていたことが挙げられる。

当時、天草の各地区では毎年三月頃、庄屋役宅で絵踏が行われた。村人は役人の前でキリストや聖母マリアの像を踏まされ、家に帰ると「コンチリサン」を唱え、神の許しを得る例が多かったといわれる。「コンチリサン」は隠れキリシタン信仰で葬式や病気の時に唱えられるオラショであり、その起源はイエズス会の日本司教セルケイラが稿を起こし刊行したとされる「コンチリサンのりやく（利益）」という教義書であった（中園 2018：342頁）。たとえば、﨑津地区においては禁教令以降の宣教師不在のなかでも、「水方」と呼ばれる信仰指導者が洗礼を授け、葬送儀礼や日繰り（暦）をもとに祭礼を行った。また、「宿老《しくろ》」と呼ばれる指導者などが組織を支え、密かに信仰を継承する役割を果たした調査結果が報告されている（古野 1966：91～92頁ほか）。

2 「天草崩れ」—天草キリシタンの露呈—

徳川家康によるキリシタン禁令の発布（一六一二年）、幕府による農民層までのキリシタン宗門の禁止徹底の布達（一六一六年）以降、天草におけるキリスト教界は状況が一変したことは先に述べた。そこでは、キリシタンの指導的立場にあった者が処刑される一方で、多くのキリシタンが潜伏した。島原天草一揆後、徳川政権は絵踏・宗門改を強化してキリシタン宗徒を摘発し、天草に禅僧・鈴木正三らを派遣して仏教の伝道を強化し、キリシタン根絶をはかった。

一七八三（天明三）年以来、天領の天草は島原藩が預地として統治していた。その過程で、島原藩は一八〇五（文化二）年、天草下島の大江村、﨑津村、今富村、高浜村に隠れキリシタン信仰が存続していることを突き止め、五〇〇〇を超えるキリシタンが潜伏していることが露呈した。

露呈した背景には、島原藩が天草に怪しげな宗教活動が存在していることを察知し、探索を内密に進めていたことがある。村社会の中でキリシタン探索を主導したのは今富村の庄屋・上田演五右衛門であったといわれる。

島原藩は同時期に、長崎奉行が天草の「異宗」について興味を示していることを知り、「異宗」問題を指摘され、仕置不行届をとがめられる前に、一八〇四（文化元）年十月、「異宗」の存在を認めて、今後の吟味方針について幕府に伺いを立てたという経緯があった。

天草キリシタンについては、島原天草一揆の段階で、大矢野島、上島の北部・東部地域における転びキリシタンの地域的な立ち帰り・一揆蜂起の一方で、天草下島の西海岸地域における五、六〇〇〇人に及ぶ転びキリシタンの村の存在と一揆への不参加という明確な地域的な特徴が見られた（吉村　2017：15頁）。

露呈したのは、後者の島原天草一揆に参加しなかった下島の大江、﨑津、今富、高浜の隠れキリシタンであった。彼らは仏教、神道と共存する形でキリスト教信仰を続けていたのである。

3　「異宗」信仰事件としての決着

四つの村における大規模な隠れキリシタンの存在が露呈したことで、禁教下の天草における信仰の組織や形態の詳細が明らかになった。しかし、一八〇六（文化三）年九月、島原藩はこの事件に関して寛大な裁断を下した。

全員が「心得違い」という扱いになった。「改心」したとみなされ、いわゆる「異宗信仰の者」、「宗門心得違いの者」とし、事済みにしたのである。キリシタンではないが、幕府に容認されていない宗教の信仰という扱いにされ、全員が「宗門心得違いの者」として放免されたのである。

信仰対象となったのは、あくまでも怪しげな社会秩序を生み出しかねないような宗教を指す「異宗」であって、「切支丹」とは認定しなかった。ただし、新たに地域全体に絵踏を行い、全員「異宗」を回心した者と確認されて、事件は決着をみた。

この事件後、「異宗」を仏教に改宗して許された者は、仏教信仰の「正路」に戻った「異宗回心者」と呼ばれた（吉村　２０１７：１９６～１９７頁、大橋　２０１９：１６６頁）。

この天草の「異宗信仰」事件には、一つのエピソードが伝えられている。

この事件が、先に述べた五〇年後の一八五八（安政五）年、同種の異宗事件であった「浦上三番崩れ」を裁く参考にしたいとされた際、「天草郡村々百姓どもの異法一件」として矮小化されて報告されたことである。このように、天草の四カ村にまたがり、隠れキリシタン総勢五千名余に及んだ大事件が、長崎奉行に対する回答では事実が全く抜け落ちて単なる「異法一件」として報告されたことについて、吉村豊雄は次のように指摘する。

天草の一件は肥前浦上村の事件と同様、あたかも大江村で起きた幸左衛門・喜助ら数十人の怪しげな信仰事件として回答されている。長崎奉行池田岩之丞にとって、事件に関係した者たちの人数など、どうでもよかった。天草の潜伏キリシタン事件が異宗信仰の心得違いの者たちによって引き起こされ、これら心得違いの者たちも改悛し、幕府もその罪を問わなかった点が重要であった。天草の潜伏キリシタン事件は、大江村で起こった、正体のよく分からない、怪しげな村の宗教事件へとつくり変えられた（吉村　２０１７：２０４頁）。

この事件で摘発された天草下島西海岸の村々における隠れキリシタン五〇〇〇人はその後、どのような道を辿ったのか。彼らはその後も表面仏教のまま、キリシタン信仰が今富、﨑津、大江、高浜地方に残った。その結果、天草島は隠れキリシタンの一大拠点として、多数の多数の信者を擁することになる。

しかし、一八七三（明治六）年二月のキリシタン禁制の高札撤

﨑津天主堂。明治初期にかつての禁教期に絵踏が行われた庄屋宅跡に教会が建てられた。1805年、﨑津や近隣の3村では隠れキリシタンが発覚する「天草崩れ」が起こった

去以後、天草の隠れキリシタンは、カトリックに復帰したグループとそのまま潜伏状態を続けたグループとに分かれた。

教会へ復帰した信徒のために、長崎から宣教師が派遣され、天草キリシタンはカトリック教会へ復帰するか、復帰せずに隠れキリシタンとしての道を歩むかの選択を迫られた。後者は「古《ふる》キリシタン」と呼ばれた。

今富、﨑津では、明治時代に隠れキリシタン信仰が存続し、今富では、水授け＝洗礼、葬式等を行う「水方」と呼ばれる指導者がいたため、さらに昭和初期まで断片的ではあるが宗教行事が行われていた（中園　２０１８：１６５頁）。

天草キリシタンの宗教史もまた、豊臣秀吉～徳川幕府という中央集権と領主、イエズス会、キリシタン農民の織りなすパワー・ポリティクスの世界の歴史であった。

第3部

二つの「隠れ」信徒集団の固有性と共通性

——隠れユダヤ教徒、隠れキリシタンの比較を通して——

✻第9章

マイノリティ性と「隠れ」（クリプト）の構造

一　社会階層・地位、宗教的マイノリティ

1　社会階層としての隠れユダヤ教徒、隠れキリシタン

第3部は本書の締めくくりとして、「隠れ」信徒集団の歴史的経過という縦軸のなかで、それぞれの「隠れ」信徒集団の固有性と共通性を中心にいくつかの論点を設定して検討を行う。第一の論点は、隠れユダヤ教徒、隠れキリシタンが置かれた社会的ヒエラルキーとしての社会階層（social strantification）である。職業、富（財産）の多寡、勢力や威信の大小などを基礎にした社会的地位（social status）でもある。

隠れユダヤ教徒、隠れキリシタンを社会階層、社会的地位という観点からみた場合、東西二つの「隠れ」信徒集団は以下のように、それぞれ固有性（差異性、異質性）を有する。

スペイン王国における隠れユダヤ教徒「マラーノ」を社会階層としてみた場合、貴族や聖職者などの特権階層、他方には多くの農民大衆が存在した社会において、この二つの階層の間にユダヤ教を守り続けたユダヤ教徒を改宗して新キリスト教徒となったマラーノが中産階級として存在していたのである。中産上級階級、俗に言うアッパー・ミドルクラスとなり、彼らの中から学者、実業家、銀行家、高級官僚などが輩出したのに対し、ユダヤ教徒は中下層階級を形成し、小売商、靴職人、仕立て屋などの職人、肉屋などの職業に就いていた。

マラーノはのちに国際商人として世界各地に拡散し、近代資本主義興隆の一翼を担った。彼らはその優れた商才や企業家精神、ユダヤ人独自の相互扶助の精神などによって、新興都市ブルジョア階級の先駆けとなり、次の世紀には、当時スペインとポルトガルに芽生えつつあった最初の資本家ならびに企業家階級のはしりとなった（ヨベル　１９９８：35頁）。

これに対し、日本の隠れキリシタンの大多数は農村・漁村地域の農漁民であり、農業・漁業の地域経済圏に依存する形で集落や家などの社会単位を維持し、宗教や信仰を存続させてきた。そしてその多くが封建社会の下層階級、被支配階級に属していた。彼らは禁教体制の強化と鎖国体制下でただ地域社会に潜伏するのみで、地域間の移動も極度に制限され、当然のことながら、マラーノのような国外への移動もなかった。

2　宗教的マイノリティ

第二の論点は、隠れユダヤ教徒、隠れキリシタンにおける宗教的マイノリティという共通性である。

マイノリティグループとは、一般に、習慣・人種・宗教・民族性、またはその他の特性がこれら分類の主要グループ（多数派、マジョリティ）に対して、少数者（マイノリティ）であることを指す。具体的には、民族性における「少数民族」、人種における「人種的マイノリティ」、宗教における「宗教的マイノリティ」などを生み出す。そのなかで、宗教的マイノリティとは、改宗者・再改宗者・信仰秘匿者・亡命者たちの個人および集団を指すことが多い。そして、このマイノリティグループの人びとは、往々にして、彼らが住んでいる国や社会で差別的な扱いを受ける傾向が顕著であった。

通常、マイノリティという言葉は統計的少数派を指す場合が多いが、ここでは、マジョリティグループ・マイノリティグループ間の人口サイズの違いではなく、グループ間の力の違いを重視すべきであろう。

第1部・第2部では、この宗教的マイノリティとして、偽装キリスト教徒としての隠れユダヤ教徒「マラーノ」、偽装仏教徒としての隠れキリシタンの系譜を取り上げた。前者はスペイン・ポルトガル、一方、後者は日本で生まれた。隠れユダヤ教徒は中世後期から近世にかけてスペイン・ポルトガルの支配的宗教—キリスト教（カトリック）—に対する宗教的マイノリテイであり、隠れキリシタンは同時期の日本の支配的宗教―仏教・神道―に対する宗教的マイノリティであった。

ユダヤ教に即していえば、「マジョリティ」のキリスト教に対し、固有の宗教、歴史、言語体系をもつ「マイノリティ」として定着し、自らのアイデンティティ（自己同一性）維持のためユダヤ人共同体という独特のミクロコスモス（小宇宙）を構築していったことになる（関２００３：２頁）。

このように、宗教的マイノリティとしての隠れユダヤ教徒が何代も守ってきた宗教はユダヤ教であり、日本の隠れキリシタンが守ってきた宗教はキリスト教であった。

隠れユダヤ教徒はキリスト教への洗礼を押し付けられて改宗者「コンベルソ」、隠れユダヤ教徒「マラーノ」、日本の隠れキリシタンは仏教へと改宗させられて改宗者「転びキリシタン」となった。多くの場合、彼らは支配者側から「死か改宗か」という選択の上での強制改宗を迫られた。その結果、改宗を偽装した者は、ヨーロッパでは異端審問、日本では宗門改の標的とされ、棄教を迫られ処刑された。

二〇〇〇年前、ユダヤ教を批判して登場したキリスト教は、ローマ帝国という世俗権力と結びついた時点で、「マジョリティ」の宗教という色彩を強めた。そして、非キリスト教文化圏の人びとに対してキリスト教への服従を強要する立場を貫いた。教皇の提案で異教徒を攻撃する軍隊（十字軍）を送ったり、異端や異教徒を処罰する異端審問所（宗教裁判所）を設けた。そこには、自己を絶対化し、他者であるユダヤ教、イスラーム教などを無価値なものと決めつける宗教的排他主義（Religious exclusivism）が発揮された。この宗教的排他主義の対極には、ジョン・ヒック（John Hick 一九二二―二〇一二）が提唱した宗教的多元主義（Religious Pluralism）がある。諸宗教は対立的関係ではなく、相互補完的なものであるとみなす宗教的態度、思想である。

このユダヤ教に対するキリスト教の宗教的排他主義と迫害が、ヨーロッパ社会における反ユダヤ主義の一因となり、隠れユダヤ教徒という宗教的マイノリティを生み出した。

一方、日本の伝来キリスト教にあっては、武士権力による封建体制確立の中で、集団改宗（集団入信）、その後は集団棄教を強制された。彼らは相次ぐ禁教令とキリシタン検索制度によってキリスト教信仰を守る手段をことごとく失い、指導者としての聖職者もいなければ、信仰を同じくする大勢の同胞たちとの宗教組織も公式には認められなかった。

3　面従腹背と二重規範（ダブル・スタンダード）

第三の論点は、隠れユダヤ教徒、隠れキリシタンに見られる面従腹背、言い換えれば、二重規範（ダブル・スタンダード）の存在である。

遥か離れたイベリア半島と日本で同じように宗教弾圧が行われ、同じように隠れて二重生活を送る人びと、「隠れ」信徒集団を生み出した。

隠れユダヤ教徒は、カトリック・キリスト教への転宗を迫られたユダヤ教徒が、洗礼を受け

「誠実な」キリスト教徒になりながらも、「隠れユダヤ教徒化」した。一方、日本の隠れキリシタンは、仏教への転宗を迫られ、棄教あるいは潜伏を経ながら、キリスト教信仰を維持した。彼らの場合、キリスト教から仏教への転宗は「転び」、キリスト教への復帰は「立ち帰り」と呼ばれた。その「立ち帰り」が大規模に顕著に現れた歴史的事件として、島原天草一揆があることは第2部において指摘した。

この二つの宗教マイノリティにあったのは、面従腹背という状況であった。面従腹背—この言葉ほど、隠れユダヤ教徒、隠れキリシタンに当てはまる言葉はないのではないだろうか。彼らは絶えず信仰を検索しようとする鋭い視線を承けざるを得なかった結果、完全な二重規範（ダブル・スタンダード）を強いられた。

改宗への絶え間ない圧力の中で、改宗か殉教かの厳しい二者択一を迫られたスペインのユダヤ教徒は、キリスト教に心底から帰依し、旧キリスト教徒以上に熱心にカトリック信者になった者がいた一方で、生命・財産を守るために形式的にキリスト教を受け入れたものの、じつは密かに先祖の宗教を守りつづけた者に二分された。

隠れユダヤ教徒は、表向きはキリスト教を遵守し、秘密裏にユダヤ教を遵守した面従腹背のユダヤ人であり、日本の隠れキリシタンは、表向きは仏教に「改宗」して、秘密裏に潜伏して数百年間辛抱強くキリスト教の信仰を続けたのである。

二　「隠れ」（クリプト）の構造

1　地下的・非合法的な信仰生活

第四の論点は、「隠れ」（クリプト cripto）の構造としての地下的・非合法的な信仰生活である。

隠れユダヤ教徒と隠れキリシタンは、それぞれを取り巻くカトリック世界、仏教世界から何世代にもわたって自分たちの信仰生活を守ってきた。隠れユダヤ教徒にあってはレコンキスタ達成後のキリスト教国家とカトリック教会、隠れキリシタンにあっては武家統一政権と既存宗教勢力によってそれぞれ規制された。

隠れユダヤ教徒と隠れキリシタンに共通する特徴は、いずれも困難な条件下での信仰活動であり、それが地下的・非合法的な信仰生活であった点である。

近世スペイン、ポルトガルにおける隠れユダヤ教徒の「隠れ」について、フリッツ・ハイマンは、一つの宗教を維持するための手段をことごとく失い、書物や文書も持たず、聖職者もいなければ信仰を同じくする大勢の同胞たちとのつながりも一切なく、外の世界に同胞たちが実在しているということもまったく知らされず、その宗教を維持し続けたこと、そして彼らが地下的・非合法的な形態をとって信仰生活を行う中で、ユダヤ教の内容と儀式の多くを失ってしまったことはやむを得ないことだったと述べている（ハイマン　２０１３：１５１～１５５頁）。

この地下的・非合法的な信仰生活の実態とは、どのようなものであったのか。マラーノの多くは公然とユダヤ教の戒律を遵守し、ユダヤ人と同様、安息日と祭日を守り、ヨーム・キップール（贖罪日）に断食して祈祷を行い、過越祭を挙行し、他の祭りを祝った。その中には隠れユダヤ人の礼拝行為だけでなく、簡単に見分けることのできるキリスト教にあるまじき行為が含まれている。聖餐式を避ける、日曜日に働く、十字を切ることを避ける、うわべだけのミサへの出席などである（ジョンソン　1999a：375～376頁）。

日本の隠れキリシタンも、全国的な禁教令下で地下活動を余儀なくされた。その中で、隠れキリシタンが迫害の時代を生き抜く上で、重要な役割を果たしたものの一つとして、コンフラリアがあった。

一五八〇年代以降、宣教師が海外に追放されると、コンフラリアの指導層が宣教師に代わって、キリシタン共同体の中心的機能を担った。禁教政策下で多くの宣教師やキリシタンが追放、処刑、拷問などの苦難を蒙る一方、仏教・神道などとの併存を強いられながら、地下的・非合法的な信仰生活という「隠れ」の構造に支えられて、隠れキリシタンは密かにキリスト教信仰を維持することができたのである。

2　信徒集団組織の存在

第五の論点は、このような隠れユダヤ教徒、隠れキリシタンに共通する「隠れ」の構造を検討する上で避けて通れないのが、先に述べた信徒集団組織、コンフラリアの存在である。

近世スペイン社会の信徒集団組織（兄弟団）は、会員資格という点からみたとき、「開放的兄弟団」、閉鎖的兄弟団の二つのパターン、機能論的には、「慈善型兄弟団」、「篤信兄弟団」、「機能別（ギルド型）兄弟団」の三つのパターンに大別された（関・踊 2016：122頁）。日本のキリシタン拡大・維持の上でも重要な役割を果たしたのは、中近世スペイン社会における職業・階層・性別横断的な社会的結合である信者組織としての「閉鎖的兄弟団」であった（同）。

それでは、日本における信徒集団組織「コンフラリア」は、キリシタンの「隠れ」の構造としてどのような役割を担ったのか。

コンフラリアは迫害が始まる以前から信徒によって運営されていた信心高揚、相互扶助、慈善救済活動を目的とする組織であった。しかし、宣教師不在の潜伏時代に入ると、このコンフラリアは信仰維持のための組織に早変わりした。組頭を中心に教義、儀礼の維持を図り、取り締まり役人の目を逃れるためのさまざまの工夫を凝らした（宮崎 2001：30頁ほか）。

キリスト教禁教下におけるコンフラリアの特徴として、今村義孝は以下の点を挙げている（今村 1997：78頁）。

・コンフラリアは禁教下で相互に連帯しながら、信仰を維持していくために教会によって企画され、そのために伝道地域の拡大につれ広範に組織された。

・封建的支配に統制されつつあった農民は、組によって孤立分散的な立場から地域的に連帯し、一つの信仰のもと団結した。その中核は庄屋、乙名という農村の指導層であった。このように、コンフラリア（「組」「信心講」）は、禁教下における信仰維持のための組織であり、農村の指導層を中核に団結した地下組織となった。

このことは、ヨーロッパで生まれたコンフラリアが、布教先の日本の異教徒のキリスト教への改宗と信仰維持のための効果的な手段となり、さらに禁教下ではキリシタン共同体の維持・存続の中心的機能、「隠れ」の構造という役割を担ったことを意味している。

三　シンクレティズム（宗教混淆）

1　マラーノにおけるシンクレティズム

第六の論点は、相異なる二つ以上の宗教がそれぞれその本来の特徴を残したまま習合している状態を指すシンクレティズム（宗教混淆、異教混淆）である。シンクレティズムは、隠れユダヤ教徒、隠れキリシタンに共通してみられる重要な現象である。

隠れユダヤ教徒におけるユダヤ教とキリスト教という二つの宗教の混淆について、関哲行は「ユダヤ教を信奉している人々の秘密の慣習や儀礼に明白に現れていて、それらはユダヤ教の枠組みで行われていながら、カトリック的要素や解釈が入り混じったものになっていった。このように新キリスト教徒たるマラーノは、キリスト教への表面的な同調とそれに対する反抗に引き裂かれていった」と指摘する（関　２００３：40頁）。

大多数のマラーノは自分たちを取り巻くカトリック世界のなかで、モーセの律法に言われていた個々の規律と慣習が徐々に記憶から消え失せていったのではないか。シンクレティズムが進行していったプロセスについて、以下の各点が考えられる（ヨベル　１９９８：39頁）。

・マラーノの共同体が切り離されていくにつれて、書物や手引きがなくなり、モーセの律法に言われていた個々の規律と慣習など、ユダヤ教の正統的な内容が、年月を経るにしたがってますます乏しくなっていった。

・人々が記憶にとどめていた数少ない戒律は、異端審問所に見つかれば命に関わるという危機感から遵守されなくなっていった。ここから妥協的な態度が生まれ、ある戒律の一部は守るが、他の戒律は無視するとか、守りやすい他の慣習を採って、重要な慣習の実践を断念してしまうという態度が生じた。

・その結果、マラーノが保持していたユダヤ教の痕跡の脈絡のなかに、次第にキリスト教の象徴や見解が充満するようになっていった。

シンクレティズムが生まれた要因の一つとして、ヨーロッパ、とくにスペインの宗教風土や異文化共存の伝統が残っていた点が挙げられる。

かつてキリスト教徒・ユダヤ教徒・イスラーム教徒が共存した「コンビベンシア」時代を経たスペインにはとくにこのような宗教的雰囲気があった。ユダヤ教徒がキリスト教の洗礼式で名付け親を務めることもたびたびあったし、逆にキリスト教徒がユダヤ教の割礼式で名付け親になることも多かった。キリスト教徒がイスラーム教徒の友人をミサに招くこともあった（グリーン　２０１０：47頁）。

隠れユダヤ教徒のシンクレティズムについて、レオン・ポリアコフは、歴史家シーセル・ロスが「マラーノ教」と形容した「半ばユダヤ教、半ばキリスト教」になっていたとし、以下のように述べている。

マラーノは日頃、キリスト教徒の生活様式を模倣せざるを得なかったため、彼らは例外なく外から見て明らかにそれと分かるユダヤ教の指標やそのあからさまな表出、とりわけ割礼の風習とヘブライ語聖書を放棄せねばならなかった。聖なる書物として彼らに残されたのは、キリスト教徒らの聖書だけとなった。そこではたとえ新約の部分は読み捨てたとしても、外典だけは読まれた。外典のうちに自らの背教を正当化する赦しの言葉を読み取り、心の奥底でイスラエルの神に忠実であり続ける限り、人前で異邦の神々を崇敬して見せることも認められるという一種の白紙委任状を見い出すことができると主張する者さえいた（ポリアコフ　２００５b：２８１〜２８２頁）。

この点について、イルミヤフ・ヨベルは「マラーノの殉教者や英雄でさえ、伝統的な意味でのユダヤ教徒であることは稀だった。礼拝の秘密主義、カトリック教育、ユダヤ教学習の不在、宗教的信条の混淆、そしてイベリア半島以外のところにあるユダヤ人共同体からの孤立によって、それまでにない宗教史的・宗教社会学的な現象が出来した。すなわち、キリスト教でもユダヤ教でもない信仰形態である」と指摘する（ヨベル　１９９８：42〜43頁）。

このシンクレティズムは、必然的に宗教的二重性と呼ぶべき事象をもたらした。隠れユダヤ教徒「マラーノ」におけるユダヤ教とキリスト教との混血現象、次項で述べる日本の隠れキリシタンにおけるキリスト教と神仏信仰などとの混血現象である。

２　隠れキリシタンにおけるシンクレティズム

日本では、キリスト教と土着の宗教との間のシンクレティズムが、キリスト教禁教令など、支配権力からの圧迫があった時に顕著に起った。

隠れキリシタンの場合、偽装のための神仏信仰や土俗信仰が、本来のキリスト教の信仰に入り混じって変質し、正統的なキリスト教とは異なる「異種・異型の宗教」へと変容し、宗教的二重性をもたらした。彼らはオラショを唱え、カトリック的な洗礼や葬式をする一方で、家の神棚には天照大神をまつり、集落の神社の氏子でもあった。また，仏教徒として寺に所属し仏壇には先祖の位牌を並べて供養もしている。

ここには、キリスト教と伝統的に固有な仏教や神道、広く民間信仰と民衆の慣行などとの特異な習合形態があった。隠れキリシタンは徹底した弾圧下で、信仰を偽装するために、神道や仏教の習俗や古来の風習を取り入れていったのである。

こうしたシンクレティズム化を促進した要因として、第6章で述べたイエズス会に代表される適応主義的伝道があったと考えられる。

宣教師が日本人にキリスト教の教理や戒めを説明する場合、仏教的な概念を通して理解させようとした際、とくに、マリアとイエスという聖母子像や聖人の加護等が大きな要素を占めるカトリックの信仰は日本の神仏信仰と習合しやすい面を持っていた。それゆえ信者が潜伏のための偽装を迫られた時、慈母観音や子安観音像を容易にマリアとイエスの聖母子像に置き換えることができたのである。

古野清人は、現在の隠れキリシタン（カクレキリシタン）についても、「キリシタン的性格を帯びながら、正統派カトリシズムの立場から異端的な宗教とみなされざるをえない。いわば一種の混成的な宗教と化している」と指摘する（古野　1966：20頁）。

古野はその理由として、①隠れキリシタンたちがカトリシズムとともに神道や仏教の行事、信仰とと習合し続けている事実、②一八〇五（文化二）年における天草の「異法を信ずる者」たちの諸部落の文献的調査によって、彼らがシンクレティストである事実を検

マリア観音。幕府による禁教令が公布されたのち、キリシタンは聖母マリアを観音像に仕立て、表面上仏教徒であるように装い、信仰の拠りどころとした（出典：『日本二十六聖人記念館CATALOGUE』）

証し、キリシタンが純正なカトリックとは認め難いという事実を挙げている（古野　1973：1頁）。

その意味で、日本の隠れキリシタンは正統的なカトリシズムとは見なされないというのが、研究者のほぼ一致する見解である。

＊第10章 「隠れ」信徒集団をめぐる政治と宗教

一　統一国家の形成と宗教政策

1　民衆統制手段としての宗教　―政治権力の宗教利用―

第七の論点は、統一国家の形成と宗教政策、言い換えれば、政教一致体制（unity of religion and politics）という政治と宗教をめぐる問題である。

人類の長い歴史において、政教分離、すなわち、政府（国家）と宗教の分離の時代はわずかといわれ、政治と宗教が未分離のままで両者が一体化した統治体制、すなわち、政教一致体制がとられてきた。

なぜ政治権力は国家統合の手段として宗教を利用するのか。そしてなぜ異教徒の弾圧を行うのか。一般に、宗教は平和、非暴力、不殺生あるいは愛、救済などのイメージが強いが、それは宗教の一面に過ぎず、宗教は暴力的な側面や排他性を有する。

スペインなどの王権や日本の幕府権力が宗教を利用すると、これら支配権力に逆らう者は「国家への敵対者」、「宗教的異端者、マイノリティ」、「邪教・邪宗門」とみなされ、彼らに対する弾圧（暴力）が宗教によって正当化されることになる。

近世スペイン・ポルトガルにおけるキリスト教国、日本における近世封建国家の形成とその宗教政策において、政治権力は国家の運営・維持に宗教を利用した。

その象徴的な事例として、大航海時代のカトリック布教がスペイン、ポルトガルというキリスト教国の海外進出、ひいては植民政策の一翼を担う形で行われたことが挙げられる。

日本における政治権力が宗教を利用した事例として、彌永信義は、以下のように、織田信長、豊臣秀吉、徳川家康が三人三様に宗教を利用して自己神格化を図り、「神国日本」の神となり、政治権力の維持強化を志向したことを挙げている（彌永　１９８６：１８７頁）。

・キリスト教の影響が顕著だった信長の場合（彼は自分の誕生日を国民的祝日にしようとした）は、自らが一神教的な至上神、絶対神となることをめざしていた。

・秀吉、家康は、天皇を超越的（かつこの世では非活動的な）絶対神にまつり上げ、自らはその「この世的顕現」として（この世でその絶対神の意志を実現させ、かつその信仰を守る一種の活動的な守護神として）神格化されようとしていた。

スペイン・ポルトガルや日本における近世封建国家の形成において、宗教的弾圧は国家体制を統合するために、他の教説を唱える異端を排除する目的で行われた。政治権力による宗教を用いた民衆統制であった。スペイン王国では、レコンキスタ、すなわち、それまでのイスラーム教徒からキリスト教徒による支配に代わった際に、国家は同国内のイスラーム教徒やユダヤ教徒に対して、強制的に改宗を迫った。

一方、日本では大規模な強制改宗が、江戸時代を経て明治初期に至るまで行われ、キリシタン信仰には集団的統制が加えられた。キリスト教開教期には、キリシタン大名による領民に対して強制的な集団改宗（集団入信）が行われた。キリシタン大名の支配下では、統治者がキリシタン信仰を命ずれば人々は集団的に改宗し、また諾々と集団的に棄教した。

このように、日本では一般の武士や領民の信仰は自らの選択によるよりも、支配者の命令による場合が多かった。人びとは強制的に寺の檀家に組み入れられ、キリスト教という禁制の宗教の信者には激しい弾圧が加えられた結果、多くのキリシタンがキリスト教を捨て、仏教へと改宗させられていった。

２　キリスト教国における「一国家・一民族・一宗教」という統治思想

第八の論点は、前項とも関係するが、レコンキスタを進めたキリスト教国において特に顕著であった「一国家・一民族・一宗教」という統治思想の存在である。

一四九二年、レコンキスタに勝利したフェルナンドとイサベルのカトリック両王は、宗教的純血性の擁護と称して、ユダヤ教徒やイスラーム教徒にスペインからの国外追放か受洗かを迫った。

両王は、ユダヤ教徒追放令（一四九二年）とイスラーム教徒追放令（一五〇二年）によって、異教徒ユダヤ教徒とイスラーム教徒を駆逐して、キリスト教を唯一信仰とする体制を築き上げようとしたのである。追放令の背景には、「一国家・一民族・一宗教」という統治構想があった。スペインの三分の一もしくはそれ以上を掌握した時、一国家・一民族・一宗教という統治構想の実現に向かったのである。このユダヤ教徒追放令、イスラーム教徒追放令の基軸にあった考え方とは何か。

この二つの追放令は、カトリック両王による王国の宗教的統合が「複合王政」下のスペイン王国にとって王国の凝集性を高めるための重要な手段であり、唯一の王国原理として機能した。「複合王政」は「複合君主制」とも呼ばれ、当時のイベリア半島に複数の地域政体である諸王国と諸領邦（reinosy estados）が存在し、王権と地域政体との関係においてつねに軋轢や葛藤をはらんでいた統治プロセスであった（立石編 ２０１８：２頁）。

このスペイン王国の凝集性を高めるために、カトリック両王は「一国家・一民族・一宗教」という古くからの国粋主義的な基本政策の実現に取り掛かったのである。

３　日本の統一政権と「一国家・一民族・一宗教」

このスペイン・ポルトガルにおける「一国家・一民族・一宗教」は、日本における統一政権にも通底する統治構想であった。

「日本ハ神国たる処きりしたん国より邪教を授候儀、太以（はなはだもって）不可然候事」。秀吉の伴天連追放令の五ヵ条の禁令の第一にあるこの言葉は、秀吉の伴天連追放令を嚆矢として、それ以後のキリスト教関係の文書のほとんどが必ず掲げたことに留意すべきである。国家の秩序・統合原理であった「神国」思想にキリスト教は馴染まないとして弾圧されたのである。

当時の日本は民族的には大和民族の単一民族と見なされていたが、宗教的には「末法辺説」と「本地垂迹説」に基づく神仏混淆で、それを根拠に日本の神々は仏教的世界観に包摂されていた。「神国」とは、「神に守られている特別な国」という意味である。そうした宗教に依存しそれを利用して支配しようとする政治権力にとって、キリスト教は都合が悪かったのである。ここにあったのも、文字通り、一国家・一民族・一宗教という統治思想であった。

武家勢力が全国統一を実現・維持するうえでの指導原理、すなわち、思想的統　が必要であった点について、古野清人は次のように述べている。

当初はイエズス会に協力姿勢を示していた秀吉は、九州攻めの過程で、キリシタン大名の強力な結束力や領民の集団改宗の実情、そしてイエズス会に寄進された長崎の要塞化などを目のあたりにする。秀吉はキリシタン大名が密接に結合し、宣教師の忠言にきわめて従順であることに気づいた。絶対的専制君主秀吉が「帝国内の帝国」（インペリウム・イン・インペリオ、

imperium in imperio）の存在を認めるわけがなかった（古野 1973：46頁）。

このように、「一国家・一民族・一宗教」は、統一国家のスペイン・ポルトガル、日本の専制君主による国家統一維持の手段、そのための思想上の国家統制策となった。イベリア半島におけるキリスト教王国の確立、日本における武家政権の確立過程の下では、政治的支配者に隷属する民衆には宗教を自由に選択する権利はなかったのである。

4 強制改宗と監視・摘発のための諸制度

第九の論点は、改宗を装う「隠れ」信徒集団の検索や取り締まりをめざした監視・摘発のための制度の導入である。その代表的なものが、隠れユダヤ教徒に対する異端審問制度、隠れキリシタンに対する宗門改制度であった。

スペインでは一四七八年に教皇から設立認可を得て、八〇年のセビーリャを皮切りにカスティーリャ王国の各地に異端審問所を設置した。この近世異端審問制度は、教会に審問権の委ねられた中世異端審問とは異なって、王権主導のもとに機能する、「あらゆる諸国特権から独立した」唯一の全国的制度であり、時に応じて王権の有効な社会・政治統制の道具となった（立石編 2000：142～143頁）。

この異端審問において、カトリック教会はキリスト教への改宗ユダヤ教徒（新キリスト教徒）のなかに、隠れユダヤ教徒が多数存在すると見て、その背教行為を自白させるためにさまざまな拷問を行った。

異端審問は密告をベースに進められ、「火炙りか、財産没収か」の選択しかなかった。火炙りであれ、財産没収であれ、異端審問にかけられた改宗者の財産は一方的に国家により没収されたので、異端審問は偽装改宗者を処刑することによって国家の統合を進めるのみならず、国家財政を温めることにもなった。

一方、日本では、徳川幕府が政権の土台を固めていくなかで、キリシタン宗門を日本全国から断つべく、宗門改制度をはじめとする徹底したキリシタン弾圧策を打ち出し、キリシタンの発見と棄教（強制改宗）を推進した。改宗した者にも厳しい監視がつき、毎年呼び出されて、宗門改役による再調査が行われた。

キリシタンに対する禁制策は、基本的に、まず彼らを見つけ出し、次に棄教させ、棄教した元信者を家族を含め子孫にわたり監視するというものであった。拒絶者には言語に絶する拷問や、なおも拒む者は公開処刑した。

このように厳しいキリシタン禁制策は日本社会に何をもたらしたのか。

幕府は、キリシタン禁制策を通して個人の思考・行動様式や価値観を一定程度操作し統制することができた。とくにキリシタン排除的色彩の濃厚な制度であった宗門改は、キリシタンが減少していく十七世紀以降は、民衆統制の要をなす制度へと変容していった。

そこから生まれたのは、キリスト教側からみると、日本人の間に根強く植え付けられたキリスト教に対する邪宗、邪宗門観、言い換えれば、国家の統制を強化するために時の権力者が常用する手段としての「スケープゴート（贖罪、生贄の山羊）化」であった。これを仏教側からみると、檀那寺と檀家を結合させることによって、仏教寺院が幕府の末端機構として民衆支配に重要な役割を果たすことになった（鈴木 ２０１７：46〜49頁）。

キリシタン迫害強化の大きな契機となったのが、一六三七（寛永十四）年の島原天草一揆である。鎖国令の徹底など完成に入りつつあった幕藩制封建支配構造の根幹を揺るがせた「戦争」であった。これによって、幕府はキリシタン根絶を図るべく、「キリシタン＝邪教」といった社会的妄想の蔓延という恐怖を煽《あお》り、先に述べたように、宗門改をはじめ、絵踏、五人組連座制、切支丹訴人褒賞制などのキリシタン検索制度を徹底化し、キリシタンの発見と棄教・転宗を迫ったのである。

ここで注目すべきは、日本における宗門改の諸施策と公開処刑が、ヨーロッパの異端審問とそこにおけるアウトダフェ（異端判決宣告式）と共通性を有することである。双方とも他にあまり類例を見ない残忍な制度であった。そこには、国家権力が常用する手段としてのスケープゴート化、強制改宗の推進と摘発・処刑のための諸制度による恐怖支配があった。

その意味では、日本の宗門改の諸施策と処刑は、ヨーロッパの異端審問とそこにおける処刑制度とその政治的・歴史的経緯や規模こそ違っても、日本版・異端審問制と位置づけてよいものであった。

二　宗教と暴力

1　「人間狩り」――破壊と秩序――

第十の論点は、「隠れ」信徒集団に対する支配権力（キリスト教国・教会、あるいは武家統一政権）の「異教徒狩り」に象徴される宗教の暴力性である。狩る者＝カトリック国家と教会、あるいは武家統一政権であり、獲物＝ユダヤ教徒、あるいはキリシタンであった。

本書で取り上げてきたユダヤ教徒の歴史、日本の隠れキリシタンの歴史は、支配権力による異教徒狩りの力を借りた迫害の歴史でもあった。支配権力のイデオロギーは、隠れユダヤ教徒イコール「神を殺した民族」であり、隠れキリシタンイコール「神国日本の敵」であった。そこで政治権力がめざしたのが異端者狩りであり、暴力によって無理矢理改宗を迫るものであった。

そして政治権力が宗教を利用した時、すなわち、政治と宗教が結合し一体化した時、検挙、拷問、火刑、改宗、追放、虐殺などの「暴力」が繰り返されてきた。その際、王権や幕府権力に逆らう者は「国家への敵対者＝宗教的異端者」とみなされ、宗教的マイノリティに対する「人間狩り」が繰り返されてきたのである。そしてこの宗教的異端者に対する暴力（弾圧）は国家によって正当化された。

なぜ、宗教はこのような不寛容で容赦ない「異教徒狩り」を行うのだろうか。『人間狩り──狩猟権力の歴史と哲学──』の著者、グレゴワール・シャマユーは「人間狩り」を、捕まえて殺すことだけでなく、暴力的に外に追いやったり従わせて強制したりすることを含むものとし、人間が人間を狩るという権力の行使がいかなる正当化の論理によって可能になって来たのか、権力の特有の運動とは何かを以下のように論じている。

人間狩りは人間存在が狩りというかたちで引きずりだされ、追い回され、捕まえられ、殺されるという具体的に過去に起こった出来事を指し示す。それは規則的に実施され、またしばしば大規模に実施された。（中略）狩ることは、「暴力的に外に追いやること、何らかの場所から外に出るように強制し、従わせること」をも意味する。追跡する狩りと追放する狩り、捕まえる狩り、排除する狩りがある。二つの活動は区別されるが、しかし補完的関係として結びつけられる。つまり、人間を狩り追い回すことはしばしば、その人間があらかじめ公共の領域から追い立てられ、追放ないしは排除されていることを前提とする（シャマユー　2021：8〜9頁）。

そしてグレゴワール・シャマユーは「ユダヤ人狩り」には、その歴史において三つのタイプ、すなわち、①暴動としての狩りから国家による狩りへ、②宗教的な考えに基づく狩りから人種的な狩りへ、③殺人を伴う狩りからユダヤ民族を大量虐殺する狩りがあった。十字軍による狩りはその第一のタイプに相当する。そのスローガンは「神を殺した民族」としてのユダヤ人に向けられた「改宗か、死か」であった。それは暴力によって入信を迫るものであったと指摘する（同　１７２～１７３頁）。

改宗・入信という同化は権力側の強制的な包摂行為であり、同化の裏面では入信拒絶者を抹消することが行われた。ユダヤ教徒あるいは日本のキリシタンの人生を分かつ選択肢は、ユダヤ教あるいはキリスト教への帰依を表明するか、棄教するかであった。改宗するか、この世から消えるかであった。

２　宗教の排他性・暴力性

近世スペイン・ポルトガルにおける異端審問の拡大、日本の徳川政権下における宗門改制度等による摘発と処刑は、宗教の暴力性・排他性を考察する手がかりを与えてくれる。

スペインで異端審問が最も過酷だったのは一四七八年導入直後の五〇年間であり、この期間に五万人が裁かれ、そのかなりの数がアウトダフェ、すなわち火刑または肖像の火刑に処されたた（グリーン　２０１０：27頁）。

異端審問全盛の十七世紀から廃止される十九世紀までの期間全体での犠牲者の数は、合計三四万一〇〇〇人に上った。そのうち三万二〇〇〇人以上が火刑に処され、残りはより軽い刑に処された（ジョンソン　１９９９ａ：３７７頁）。ここには、自己を絶対化、他の宗教を排斥しようとするキリスト教の排他主義があった。キリスト教界は「教会の外に救いなし」と考え、「ユダヤ教＝邪教」というプロパガンダを繰り返した。

一方、日本では徳川政権は当初宣教師の摘発に重点を置いたが、やがて宣教師にとどまらず、一六二四（寛永元）年のスペインとの断交を契機として、キリシタン一般民衆に対する禁圧を強めた。とくに永野守信、竹中采女正ら長崎奉行による禁圧の方法は次第にエスカレートして、酸鼻を極め「人界の地獄」を現出した（清水　１９８１：１４５頁）。

雲仙の殉教(THE TORMENTS OF UNZEN by A. Montanus, 1669)。130度以上の水蒸気が噴出する雲仙の熱湯地獄における「地獄責め」で多くのキリシタンが身を投じて殉教した。そして棄教を拒んだ者は処刑された(出典:『日本二十六聖人記念館CATALOGUE』)

永野守信が案出したのは、雲仙岳での熱湯責めなどの残忍な拷問であった。彼は三〇〇人にのぼる隠れキリシタンを処刑し、長崎で組織されていた信者団体（コンフラリア）の大部分を壊滅に追い込んだ。

後任となった竹中采女正のキリシタン禁制はさらに苛烈を極めた。拒絶者には言語に絶する拷問（火炙り、穴吊り、竹鋸びき、雲仙地獄責め等）を科し、なおも拒む者には極刑（磔、斬首等）で臨んだ。

元和期の京都や長崎での大殉教を機に、徳川政権はキリシタンの摘発と棄教（強制改宗）、そしておよそ考えられる限りの手段で暴力的かつ苛烈なキリシタン弾圧策を、明治維新期まで繰り返し実行したのである。

あとがき

本書の執筆には二年の月日を要した。肩の荷が下りるとは、このようなことをいうのだろうか。道は遠かったが、二〇二二年コロナ禍の秋、曲がりなりにも書き終えた。いくつかの視点の再検討、新しい知見を得ること、ならびに判断の熟成のために忙殺された二年間だった。

本書が試みたのは、中近世スペイン・ポルトガルにおける隠れユダヤ教徒と日本における隠れキリシタンの歴史をトレースし、歴史という征服と同化の運動、まさに同一性を造り出す運動が展開されるなかで、統一政権の確立と維持をめざす支配権力と同化を受け入れなかった「隠れ」信徒集団がどのように動いてきたかを探ることであった。

本書は、その意味で、隠れユダヤ教徒、隠れキリシタン迫害の歴史を宗教的マイノリティをめぐる固有性（異質性）、共通性（同質性）という視点から拡張する試みでもあった。

筆者は、そもそも歴史といっても、企業家（アントレプレナー）の歴史を専攻し、スペイン・ポルトガル史やユダヤ史、日本近世史や日本宗教史の専門家ではない。もし当該地域についての言語や政治や宗教・文化などの素養がないものは、その国の歴史や宗教について研究する立場も能力もないという、一見もっともな考え方からすれば、そもそも研究は成り立ちにくい。

しかし、比較宗教史的な発想を導入すれば、たとえば、それぞれの国の宗教的な伝統・歴史、支配者の権力維持のための異端者、異端宗教の排除といった議論は、成り立ちうるのではないかと考えた。

本書はそうした制約の下で、筆者が経営史研究者としての外衣を脱ぎ捨てて、取り組んだひとつの試みである。

※

私事にわたるが、もともとキリシタン史に関心をもったのは、大学生になったころ、遠藤周作氏の小説『沈黙』の描き出す世界に接してからであった。

その舞台となった長崎は、十四歳まで過ごした筆者の故郷である。長崎街道沿いの矢上《やがみ》という橘湾に面した町で少年時代を過ごしたが、そこでは、かつて徳川政権のもとで棄教を強いられたキリシタンの処刑が行われたことをのちに知った。レオン・パジェスの『日本切支丹宗門史』（岩波文庫）の何カ所かに「矢上の殉教者」が登場するからである。雲仙の熱湯地獄に突き落とされるという拷問を受けながら、棄教しなかったキリシタンが処刑された場所として出てくる東房（東望）は少年期に遊んだ遠浅の砂浜だった。

社会に出て鉄鋼メーカー勤務の傍ら、まったく趣味の次元であったが、機会を見つけては九州各地をはじめとするキリシタンの歴史的な舞台となった場所を訪れ、資料館等では資料や郷土史家の本などを集めたりした。書物などから得た情報に導かれていくつかの場所を訪れ、そこに佇むと、あくまでもイマジネーションの世界ではあるが、少しずつキリシタン時代の時空が開けていくような錯覚に襲われたものだ。とくに、二〇〇四年からの熊本の大学での勤務は、長崎、平戸、五島、島原、八代、福岡、今村などを訪れる多くの機会を与えてくれた。なかでもこの間、数次にわたる天草行きは、本書の第2部で取り上げたキリシタンの地域展開としての天草地方の事例について書く契機ともなった。

※

なぜ筆者が隠れユダヤ教徒と隠れキリシタンという宗教的マイノリティの歴史を検討するに至ったのか。いくつかの理由がある。

若き日から日本のキリシタン史に関心を持ち続ける過程で、ヨーロッパにおける隠れユダヤ教徒「マラーノ」の歴史を小岸昭氏（京都大学名誉教授）の『スペインを追われたユダヤ人』や『マラーノの系譜』などの一連の著作から学んだ。そして、隠れユダヤ教徒と隠れキリシタンの比較考察にいつの日かチャレンジしたいと考えてきた。

二年前、戦後鉄鋼業の企業家に関わる本を書いて筆者なりのビジネス・ヒストリーの研究に一区切りをつけたとき、神田神保町の書店で二冊の本を見つけた。

一冊は『死か洗礼か』（フリッツ・ハイマン著、小岸昭・梅津真訳、行路社刊）だった。「異端審問時代におけるスペイン・ポルトガルからのユダヤ人追放」という長いサブタイトルが付されていた。隠れユダヤ教徒「マラーノ」が歴史の中でどのようにして生まれ、反ユダヤ主義の長い歴史をどのように生き抜いたのかについての実証的マラーノ研究であった。ドイツ・ユダヤ人ジャーナリストだった著者は、タイプライター用紙で一一五枚の原稿『マラーノ年代記』を遺したあと、第二次世界大戦下の一九四二年、ナチスに逮捕され、アウシュビッツで殺害された。四十四歳の若さだった。この遺稿『マラーノ年代記』が現在の書名に改題されて甦ったという。

もう一冊は、現代アルゼンチンを代表する作家マルコス・アギニスの『マラーノの武勲』(八重樫勝彦・八重樫由貴子訳、作品社刊)だった。

訳者解説によれば、中世南米におけるカトリックの異端審問という題材をエンターテインメント性の高い小説として表現した本書は、ユダヤ民族の苦難の歴史という悠久の流れの中で、実在の人物である主人公の波乱に満ちた生涯を縦糸にした壮大なスケールを持つ歴史絵巻である。かつてスペインで改宗に応じなかったユダヤ人の大半は隣国ポルトガルに逃れたが、ポルトガルまで飛び火した異端審問を逃れてさらに四散し、新大陸へと向かった。一六三九年一月、主人公はリマの異端審問所が開催したアウトダフェ(異端判決宣告式)にて死罪判決を受け(罪状はユダヤ教信奉)、他の囚人十名とともに火刑に処された。著者マルコス・アギニスは国内外の各種学術機関や専門家の協力を得て膨大な資料を集め、古文書をひもとき、細心の注意を払って時代考証を行ったといわれる。

※

内容に引き込まれ、読み返すうちに、隠れユダヤ教徒「マラーノ」と日本の隠れキリシタンという東西二つの「隠れ」信徒集団の発生とその後の歴史的経緯、近世封建国家誕生と宗教政策という政治と宗教の問題、隠れユダヤ教徒と隠れキリシタンの固有性と共通性をまとめることはできないだろうかと思い立った。

しかし、管見の限りでは、そのような「無謀な」研究は皆無に近かった。
一方、ユダヤの歴史や改宗ユダヤ人問題、あるいは日本キリシタン史と潜伏キリシタン問題というそれぞれの領域における著作、あるいは中近世ヨーロッパや日本における宗教と政治の問題に関わる研究蓄積は豊富であり、本書の執筆を通してこれらの成果からさまざまなことを学び、数多く引用させていただいた。先学の方々の業績に敬意と感謝を捧げたい。これらの文献や資料の渉猟を重ね合わせ、比較対照していくうちに、隠れユダヤ教徒と隠れキリシタンに対するいくつかの知識・情報を得ることができたが、ありうべき過ちの責任は筆者にある。

本書の執筆に着手した動機の一つとして、二十数年前の廣田繁氏（芝浦工業大学名誉教授、思想史）との出会いがあり、さまざまなご教示をいただいたことを思い出す。先生は思想史の一環としてキリシタンの思想・哲学を追究されていた。ザビエル来日四五〇年の前年の一九九八年、リスボン大、バルセロナ大における国際学会へのご出席、スペイン・ポルトガル各地の僧院、修道会訪問とカトリックならびに日本キリシタン史に関わる海外資料を収集されたことを興味深くうかがったことを覚えている。

また十名直喜氏（名古屋学院大学名誉教授）の『人生のロマンと挑戦』（社会評論社）に触発されたことを申し添えておきたい。「働きつつ学び研究する」という生き方を問いかける著者は、鉄鋼マンから大学教員・研究者に転じた人であった。

そして草稿に目を通し、感想やアドバイスをお寄せいただいた方々に感謝したい。お名前を記すことはないが、心より御礼を申し上げる次第である。

最後に、本書の出版に際して労を取られた㈱芙蓉書房出版社長の平澤公裕氏に深謝したい。出版の過程でやり取りを繰り返し、大きな示唆を得て本書が出来上がった。氏のご支援がなければ、本書が世に出る機会はなかったであろう。

二〇二二年十月　遠くなった故郷・長崎、そして天草に思いを馳せながら

濱田　信夫

主要参考文献

浅見雅一（２０１６）『概説　キリシタン史』慶応義塾大学出版会。

ジャック・アタリ著／斎藤広信訳（２００９）『１４９２　西欧文明の世界支配』（原著：Jacques ATTALI, 1492, 1991/1992）

安野眞幸（１９８９）『バテレン追放令―十六世紀の日欧対決―』日本エディタースクール出版部。

安野眞幸（２０１１）『世界史の中の長崎開港』言資舎。

安野眞幸（２０１４）『教会領長崎―イエズス会と日本―』講談社。

石田友雄（２０１３）『ユダヤ教徒―聖書の民の歴史―』山川出版社。

市川　裕（２００９）『ユダヤ教徒の歴史』山川出版社。

市川裕編著（２０１５）『図説　ユダヤ教の歴史』河出書房新社。

市川　裕（２０１９）『ユダヤ人とユダヤ教』岩波書店。

今村義孝（１９９０）『天草学林とその時代』天草文化出版社。

今村義孝（１９９７）『近世初期天草キリシタン考』天草文化出版社。

岩根圀和（２００２）『物語　スペインの歴史』中央公論新社。

臼杵　陽（２０２０）『「ユダヤ」の世界史―一神教の誕生から民族国家の建設まで―』作品社。

遠藤周作（１９８０）「日本の沼の中で　かくれ切支丹考」遠藤周作、アイリーン美緒子スミス『かくれ切支丹』角川書店。

太田淑子編（１９９９）『日本史小百科　キリシタン』東京堂出版。

大橋幸泰（２００８）『検証　天草島原一揆』吉川弘文館。

大橋幸泰（２００９）「キリシタンはどのように表記されてきたか」小峯和明企画『キリシタン文化と日欧交流』勉誠出版。

大橋幸泰（２０１７）『近世潜伏宗教論―キリシタンと隠し念仏―』校倉書房。

大橋幸泰（２０１９）『潜伏キリシタン―江戸時代の禁教政策と民衆―』講談社。

岡美穂子（２０２０）「キリスト教の伝来と日本社会」佐藤文子・上島亨編『日本宗教史４　宗教の受容と交流』吉川弘文館。

岡田章雄（１９５５）『キリシタン・バテレン』至文堂。

押尾高志（２０２１）『「越境」する改宗者―モリスコの軌跡を追って―』風響社。

片岡弥吉（２０１０）『日本キリシタン殉教史』智書房。

片岡弥吉（２０１４）『踏絵・かくれキリシタン』智書房。

金子悟郎（２００１）『天草学林』天草民報社。

川成　洋（２０２０）『スペイン通史』丸善出版。

川村信三編・キリスト教史学会監修（２０２１）『キリシタン歴史探求の現在と未来』教文館。

神田千里（２０１８）『島原の乱　キリシタン信仰と武装蜂起』講談社。

北野典夫（１９８７）『天草キリシタン史』葦書房。

ノーマン・F・キャンター著／藤田英祐訳（２００５）『聖なるきずな―ユダヤ人の歴史―』法政大学出版局（原著：Norman F Cantor, THE SACRED CHAIN The History of the Jews, 1994）。

トビー・グリーン著／小林朋則訳（２０１０）『異端審問―大国スペインを蝕んだ恐怖支配―』中央公論新社（原著：Toby Green, INQUISITION The Region of Fear, 2007）。

黒川知文（１９９７）『ユダヤ人の迫害史―繁栄と迫害とメシア運動―』教文館。

黒川知文（２０１８）『ユダヤ人の歴史と思想』ヨベル。（本書は前著を部分的に修正し、新たな章を追加）

小岸　昭（１９９２）『スペインを追われたユダヤ人―マラーノの足跡を訪ねて―』人文書院。

小岸　昭（１９９８）『マラーノの系譜』みすず書房。

小岸　昭（１９９９）『十字架とダビデの星　隠れユダヤ教徒の５００年』日本放送出版会。

小岸　昭（２００２）『隠れユダヤ教徒と隠れキリシタン』人文書院。

小岸昭・西谷修（１９９５）「マラーノの地中海的ヴィジョン」『現代思想』第33巻第6号、青土社。

五野井隆史（１９９０）『日本キリスト教史』吉川光文堂。

五野井隆史（２００２）『日本キリシタン史の研究』吉川弘文館。

五野井隆史（２０１２）『キリシタンの文化』吉川弘文館。

五野井隆史（２０１４）『島原の乱とキリシタン』山川出版社。

五野井隆史（２０１７）『キリシタン信仰史の研究』吉川弘文館。

五野井隆史編（２０１７）『キリシタン大名―布教・政策・信仰の実相―』宮帯出版社。

齋藤　晃編（２０２０）『宣教と適応』名古屋大学出版会。

清水紘一（１９８１）『キリシタン禁制史』教育社。

清水紘一（２００１）『織豊政権とキリシタン―日欧交渉の起源と展開―』岩田書院。

清水有子（２０２１）「キリシタン禁制史の研究状況と課題」、川村信三編／キリスト教史学会監修『キリシタン歴史探求の現在と未来』教文館。

グレゴワール・シャマユー著／平田周・吉澤英樹・中山俊訳（２０２１）『人間狩り―狩猟権力の歴史と哲学』明石書店（原著：LES CHASSES A L'HOMME: histoire et philosophie du, 2010.）。

レイモンド・P・シェインドリン著／高木圭訳（２００３）『物語　ユダヤ人の歴史』中央公論新社（原著：Sheindolin Raymond P., A SHORT HISTORY OF THE JEWISH PEOPLE,1998）。

エディス・シモン（１９６７）『ライフ人間世界史　第7巻　宗教改革』タイム　ライフ　インターナショナル出版事業部（原書：GREAT AGES OF MAN, THE REFORMATION, 1965）

アンドレ・シュラキ著／増田治子訳（１９９３）『ユダヤ教の歴史』白水社（原著：Andre　Chouraqui, Histoire du judaïsme, 1993）。

ポール・ジョンソン著／石田友雄監修、阿川尚之・池田潤・山田恵子訳（１９９９ａ）『ユダヤ人の歴史　上巻』徳間書店（原著：Paul Johnson, A History of the Jews, 1987)。

ポール・ジョンソン著／石田友雄監修、阿川尚之・池田潤・山田恵子訳（１９９９ｂ）『ユダヤ人の歴史　下巻』徳間書店（原著：Paul Johnson, A History of the Jews, 1987)。

甚野尚志・踊共二編著（２０１４）『中近世ヨーロッパの宗教と政治―キリスト教世界の統一性と多元性―』ミネルヴァ書房。

鈴木範久（２０１７）『日本キリスト教史』教文館。

助野健太郎（１９７６）『キリシタンと鎖国』桜楓社。

関　哲行（２００３）『スペインのユダヤ人』山川出版社。

関哲行・立石博高・中塚次郎編著（２００８）『世界歴史体系　スペイン史１　―古代～近世―』山川出版社。

関哲行・踊共二（２０１６）『忘れられたマイノリティ―迫害と共生のヨーロッパ史―』山川出版社。

高瀬弘一郎（１９７７）『キリシタン時代の研究』岩波書店。

高瀬弘一郎（１９９３）『キリシタンの世紀』岩波書店。

高橋裕史（２００６）『イエズス会の世界戦略』講談社。

高橋裕史（２０１９）『戦国日本のキリシタン布教論争』勉誠出版。

玉木俊明（２０２２）『迫害された移民の経済史―ヨーロッパ覇権、影の主役―』河出書房新社。

鶴田文史編（１９９５）『天草学林＝論考と資料集＝第二輯』天草文化出版社。

立石博高（２０１８）『スペイン帝国と複合民主制』昭和堂。

鳥津亮二（２０１０）『小西行長―「抹殺」されたキリシタン大名の実像―』八木書店。

徳永恂・小岸昭（２００５）『インド・ユダヤ人の光と闇―ザビエルと異端審問・離散とカースト―』新曜社。

長崎県北有馬町・有馬のセミナリオ建設構想策定委員会（２００５）『「有馬のセミナリオ」関係資料集』。

ギー・テスタス／ジャン・テスタス（１９７４）『異端審問』白水社（原著:Guy Testas et Jean Testas, L'inquisition,1966）

中園成生（２０１８）『かくれキリシタンの起源―信仰と信者の実相―』弦書房。

オスカー・ナホッド著／富永牧太訳（１９５６）『十七世紀　日蘭交渉史』養徳社（原著: Oscar Nachod, Die Beziehungen der Niederl?ndischen Ostindischen Kompagnie zu Japan im siebzehnten Jahrhundert)。

日本二十六聖人記念館（１９８７）『日本二十六聖人記念館ＣＡＴＡＬＯＧＵＥ』。

フリッツ・ハイマン／ユーリウス・Ｈ・シェプス編／小岸昭・梅津真訳（２０１３）『死か洗礼か　異端審問時代におけるスペイン・ポルトガルからのユダヤ人追放』行路社（原著：Fritz Heymann, Tod oder Taufe)。

狭間芳樹（２０２０）「近世・近代における反キリスト教思想の系譜」伊藤聡・吉田和彦編『日本宗教史３　宗教の融合と分離・衝突』吉川弘文館。

レオン・パジェス著、吉田小五郎訳（１９３８）『日本切支丹宗門史』（上・中・下巻）岩波書店（原著：Léon Pagès、Histoire de la Religion Chrétienne au Japon. 1869-1870)。

東馬場郁生（２００８）「比較宗教研究の課題とゆくえ―ポストエリアーデとポストモダン―」『比較思想研究』第三四号。

東馬場郁生（２０１８）『きりしたん受容史―教えと信仰と実践の諸相―』教文館。

スティーブン・ピンカー著／幾島幸子・塩原通緒訳（２０１５ａ）『暴力の人類史　上巻』青土社（原著：Steven Pinker,The Better Angels of Our Nature:Why Violence Has Declined 2011)。

スティーブン・ピンカー著／幾島幸子・塩原通緒訳（２０１５ｂ）『暴力の人類史　下巻』青土社（原

著：Steven Pinker,The Better Angels of Our Nature:Why Violence Has Declined 2011)

古野清人（１９６６）『隠れキリシタン』至文堂。

古野清人（１９７３）『古野清人著作集　５　キリシタニズムの比較研究』三一書房。

アン・フリーマントゥル（１９６７）『ライフ人間世界史　第4巻　信仰の時代』タイム ライフ インターナショナル出版事業部（原書：GREAT AGES OF MAN, AGE OF FAITH, 1965)

レオン・ポリアコフ著／菅野賢治訳（２００５ａ）『反ユダヤ主義の歴史　Ⅰ　キリストから宮廷ユダヤ人まで』筑摩書房（原著：Léon Poliakov, Historie de L'antisémitisme 1961)。

レオン・ポリアコフ著／合田正人訳（２００５ｂ）『反ユダヤ主義の歴史　Ⅱ　ムハンマドからマラーノへ』筑摩書房（原著：Léon Poliakov, Historie de L'antisémitisme 1961)。

堀江洋文（２００９）「スペイン異端審問制度の史的展開と司法権の時代的・地域的特質」『専修大学社会科学研究所月報』Ｎｏ．５４７，２００９年1月20日。

松本和也（２０２０）『イエズス会がみた「日本国王」―天皇・将軍・信長・秀吉―』吉川弘文館。

宮崎賢太郎（１９９６）『カクレキリシタンの信仰世界』東京大学出版会。

宮崎賢太郎（２０１４）『カクレキリシタンの実像　日本人のキリスト教理解と受容』吉川弘文館。

宮崎賢太郎（２０１８）『潜伏キリシタンは何を信じていたのか』角川書店。

村井早苗（２００７）『キリシタン禁制の地域的展開』岩田書院。

村井早苗（２０２１）「日本近世史におけるキリシタン史研究」、川村信三編／キリスト教史学会監修『キリシタン歴史探求の現在と未来』教文館。

マリア・ロサ・メノカル著／足立孝訳（２００５）『寛容の文化―ムスリム、ユダヤ人、キリスト教徒の中世スペイン―』名古屋大学出版会（原著：María Rosa Menocal`The Ornament of the World: How Muslims, Jews, and Christians Created a Culture of Tolerance in Medieval Spain, 2002)。

ピエール・フランソワ・モロー著／松田克進・樋口善郎訳『スピノザ入門　改訂新版』白水社（原著：

Pierre-Francois, Pierre-Francois Moreau, Spinoza et le spinozisme)。

安高啓明（２０１８）『踏み絵を踏んだキリシタン』吉川弘文館。

安高啓明（２０２２）『潜伏キリシタンを知る事典』柊風社。

彌永信義（１９８６）「日本の『思想』と『非思想』―キリシタンをめぐるモノローグ―」『現代思想』第14巻第10号、青土社。

彌永信義（２００９）「キリシタンをめぐる三つの背景」小峯和明企画『キリシタン文化と日欧交流』勉誠出版。

山本博文（２００９）『殉教　日本人は何を信仰したか』光文社。

吉田量彦（２０２２）『スピノザ　人間の自由の哲学』講談社。

吉村豊雄（２００５）「天草四郎の実在性をめぐって」松本寿三郎先生・工藤恵一先生古希記念論文集刊行委員会編『熊本大学　日本史研究室からの洞察』熊本出版文化会館。

吉村豊雄（２０１７ａ）『歴史ルポルタージュ　島原天草の乱①　百姓たちの戦争』清文堂出版。

吉村豊雄（２０１７ｂ）『歴史ルポルタージュ　島原天草の乱③　潜伏キリシタン村落の事件簿』清文堂出版。

イルミヤフ・ヨベル著／小岸昭・ヨリッセン・細見和幸訳（１９９８）『スピノザ　異端の系譜』人文書院（原著：Yirmiyahu Yovel, SPINOZA AND OTHER HERETICS,1989）。

若桑みどり（２００３）『クアトロ・ラガッツィ―天正遣欧使節と世界帝国―』集英社。

渡邊昌美（２０２１）『異端審問』講談社。

度会好一（２０１０）『ヨーロッパの覇権とユダヤ人』法政大学出版局。

年表１　ユダヤ関係史年表

６６	アレクサンドリアにおけるユダヤ人虐殺、第一次ユダヤ戦争
１１５	エジプトにおけるユダヤ人の反乱
１３２	第二次ユダヤ戦争
１３５	ハドリアヌス帝によるユダヤ人迫害
３８０	テオドシウス帝によるダヤ人の組織的迫害始まる
５５３	東ローマ帝国ユスティニアヌス一世、ユダヤ教弾圧
１０６６	グラナダにおいてユダヤ人虐殺。イギリス、ユダヤ人が定住を開始
１０９５	第一回十字軍開始
１０９６	ルーアンでユダヤ人大虐殺、ラインラント地方に波及
１１４４	イギリス、ノーウィッチにおけるユダヤ人に対する血の粛清
１１６８	グロスターでユダヤ人に儀式的殺人の嫌疑
１１８２	フランスのユダヤ人追放
１１９０	イギリス・ヨーク地方においてユダヤ人襲撃（ポグロム）起こる
１２１５	教皇インノケンティウス三世、第４回ラテラノ公会議で反ユダヤ法を制定
１２４０	パリでキリスト教徒とユダヤ教徒の最初の公開討論会
１２４３	ユダヤ人が聖餐のパンを盗んで拷問するという妄想、ベルリンで始まる
１２４８	セビリア征服（レコンキスタ）
１２９０	ユダヤ人、イギリスより追放
１３４８	ペスト（黒死病）の流行。ヨーロッパ各地でユダヤ人が迫害される
１３９１	セビリアで反ユダヤ暴動、ユダヤ人４０００人が殺害。スペイン全土に波及、ユダヤ教徒が集団でキリスト教に改宗

1412	ベネディクトゥス十三世、トルトサでユダヤ人問題を採り上げ、全ユダヤ人の一斉追放に乗り出す
1467	トレドで旧キリスト教徒と新キリスト教徒の新たな抗争が勃発、130人のマラーノが命を落とす。新国王側からマラーノを今後永久にトレドの全公職から締め出す旨の指令
1478	教皇シクトゥス四世、スペインに異端審問所設置に関する教書を発布
1480	スペイン・セビリアに異端審問所設置。コルドバ（1482年）、セゴビア（1483年）、アラゴン（1484年）にも設置。1790年まで活動
1481	初の宗教裁判（セビリア）で6人のマラーノが火炙りの刑に
1483	コルドバで最初のアウトダフェ（公開処刑）。アンダルシアからユダヤ人が一斉追放
1492	グラナダ王国陥落。カトリック両王、ユダヤ教徒追放の勅命に署名。国外に去った16万人以上のユダヤ教徒のうち12万人がポルトガルに移住。国内残留ユダヤ人5万人がキリスト教徒に改宗
1496	ポルトガル王マヌエル一世、その領土から10カ月以内にユダヤ教を国外追放する勅令を発布
1497	ポルトガル、残留したユダヤ教徒の大量改宗
1506	リスボンで反ユダヤ暴動勃発、ユダヤ人2000人が殺害される
1515	ヴェネツィアで初のゲットー（ユダヤ人隔離地域）建設
1536	ポルトガルジョアン三世、ポルトガルに異端審問所設置
1543	マルティン・ルター『ユダヤ人とその虚偽について』
1555	ポルトガル・マラーノ出身イエズス会士ルイス・アルメイダ、平戸に到着
1562	「ゲットー」、反ユダヤ法規の公式用語となる
1569	教皇ピウス五世、大勅書により教皇領からユダヤ人を追放
1580	フェリペ二世によるポルトガル併合。16世紀末から17世紀初頭にかけてアムステルダム

	へ移住するポルトガル・マラーノ多数
1590	マラーノ、アムステルダムに移住
1654	ユダヤ人難民23人、ニューアムステルダム（1664年以降ニューヨーク）に到着、米国のユダヤ人共同体の始まり
1656	アムステルダムのユダヤ人共同体、バルフ・デ・スピノザを破門
1672	ポーランド分割により、ユダヤ人共同体、帝政ロシアの統治下に入る
1675	アムステルダムのポルトガル系シナゴーグの落成式
1791	フランス国民議会、ユダヤ人の完全解放令を決議
1796	バタヴィア共和国（オランダ）、ユダヤ人を解放
1812	プロイセンのユダヤ人解放
1813	カディスの議会、スペイン異端審問所廃止を決定
1821	ポルトガルの異端審問所制度廃止
1826	英国、ユダヤ人のすべての制限を解除
1867	オーストリアのユダヤ人解放
1917	鉱山技師サムエル・シュヴァルツ、北ポルトガル山間の町ベルモンテで多数の隠れユダヤ教徒を発見

出所：ポール・ジョンソン『ユダヤ人の歴史 下巻』、小岸昭『スペインを追われたユダヤ人―マラーノの足跡を訪ねて―』ほかに基づき、筆者作成。

年表2　隠れキリシタン関係年表

1　開教・発展期

1549(天文18)	フランシスコ・ザビエル、鹿児島上陸。キリスト教伝来
1560(永禄3)	ガスパル・ヴィレラ、将軍足利義輝に謁見、京都開教
1562(永禄5)	大村純忠、横瀬浦開港、教会建設。初のキリシタン大名に
1565(永禄8)	(天草)志岐鎮経、イエズス会に志岐伝道を要請
1566(永禄9)	(天草)ルイス・アルメイダ、キリスト教を開教
1569(永禄12)	織田信長、ルイス・フロイスに京都在住と布教を許可
	(天草)ルイス・アルメイダ、河内浦に布教開始
1570(元亀元)	大村純忠、長崎開港。カブラル、日本イエズス会の布教長に
	(天草)ポルトガル船、志岐入港。カブラルとオルガンティーノが来島
1571(元亀2)	(天草)志岐鎮経棄教、キリシタンの迫害を始める
1572(元亀3)	(天草)天草鎮尚、カブラル神父より洗礼を受ける
1574(天正2)	大村領で集団改宗。寺社破壊
1579(天正7)	イエズス会巡察師ヴァリニャーノ、日本教界の改革に着手
1580(天正8)	(天草)志岐でイエズス会会議
1581(天正9)	ヴァリニャーノ、京都で信長と会見
1582(天正10)	天正遣欧少年使節、長崎からローマへ出発。本能寺の変
1585(天正13)	宣教師コエリョ、フィリッピンのアントニオ神父に軍事的支援を要請
1586(天正14)	コエリョら大坂城で豊臣秀吉に謁見。特許状を獲得
1587(天正15)	秀吉、九州平定。博多滞在中に伴天連追放令を発布。長崎没収
	(天草)大矢野種基、受洗。領民、キリスト教に改宗

1587（天正15）	秀吉、九州討伐。筥崎浜でコエリョの軍艦に招待。伴天連追放令発布
1589（天正17）	コエリョ、フェリペ二世に軍事援助を求む （天草）小西行長、天草一揆鎮圧後、五人衆の時代から行長の支配下に
1590（天正18）	肥前加津佐で、日本イエズス会総会、今後の布教の方針を決定 ヴァリニャーノ、コエリョの軍事計画を否定、貿易による友好を求める
1591（天正19）	秀吉、少年使節を引見。インド副王に布教を禁じ貿易を求める国書を、 フィリピン長官には入貢を促す国書を送る （天草）小西行長と天草久種、天草学林（コレジョ）を開設 遣欧少年使節団、天草学林に隣接するノヴィシアドに入る
1593（文禄2）	文禄の役。日本軍、朝鮮出兵。秀吉、フィリピン使節を名護屋で引見
1596（慶長元）	慶長の役、朝鮮再出兵決定。スペイン船サン・フェリーペ号、土佐漂着
1597（慶長5）	秀吉、積み荷を没収、キリスト教に領土的野心ありとする 慶長のキリシタン禁令発布、長崎西坂の丘で二十六聖人殉教 （天草）小西行長、関ヶ原で没後、肥後は加藤清正領に
1601（慶長6）	家康、宣教師の京・長崎居住を許可 （天草）天草領は唐津城主寺沢広高に与えられる。
1602（慶長7）	家康、フィリピン長官に布教禁止を通告
1603（慶長8）	（天草）加藤清正、肥後で禁教
1604（慶長9）	家康、イエズス会に資金貸与。フィリピン長官、日本布教要請（翌年拒否） （天草）寺沢広高、キリシタン迫害開始。志岐と上津浦の教会を除き破壊
1606（慶長11）	イエズス会日本司教セルケイラ、家康を訪問

1607（慶長12）	イエズス会日本準管区長フランシスコ・パジオ、将軍秀忠、大御所家康を訪問
1608（慶長13）	家康、オランダ平戸商館長スペックスを引見

3　禁教・弾圧期

1612（慶長17）	幕府、直轄地に禁教令を発令、迫害開始。岡本大八事件起こる （天草）崎津のレジデンシアが消滅
1613（慶長18）	慶長遣欧使節・支倉常長、ソテロら出発。幕府、バテレン追放文を公布
1614（慶長19）	秀忠、禁令発布。宣教師とともに高山右近等をマカオ、マニラに追放 （天草）志岐、上津浦教会のガルシェス、フェラロ両神父、国外追放
1616（元和2）	幕府、農民層までのキリシタン宗門の禁止徹底を布達
1619（元和5）	京都でキリシタン52名火刑。長谷川権六、長崎の教会をすべて破壊
1622（元和8）	長崎で宣教師ら55名を処刑
1624（寛永元）	幕府、スペインの使節に断交を通告
1626（寛永3）	水野守信、長崎奉行に就任。キリシタン禁圧を強化
1627（寛永4）	（天草）大矢野にコンフラリア（イグナシオの組）を組織
1628（寛永5）	この頃絵踏開始。幕府、長崎入港のポルトガル船を抑留 （天草）富岡城番代三宅藤兵衛、志岐に牢舎を建てキリシタン210人投獄
1629（寛永6）	（天草）ジャノネ神父ら天草潜入、各地を巡回し布教に当たる 以後、キリシタン迫害激化。殉教者続出
1630（寛永7）	キリシタン書籍の輸入を禁止（禁書令） （天草）崎津にコンフラリア。宗門改においてキリシタン信者の多くが転ぶ
1632（寛永9）	三代将軍家光就任。キリシタン弾圧ますます激化

１６３３（寛永10）	第一次鎖国令。イエズス会士フェレイラ長崎で棄教。中浦ジュリアンら殉教
１６３５（寛永12）	第三次鎖国令。日本人の海外渡航禁止。キリシタン改めを諸国に布令
１６３７（寛永14）	（天草）天草、島原のキリシタン農民蜂起、原城に籠る。島原天草一揆
１６３８（寛永15）	幕府は12万の大軍にて攻撃。原城陥落、天草四郎以下３万７千人全滅
１６３９（寛永16）	第五次鎖国令、ポルトガルと断交。鎖国体制完結
１６４１（寛永18）	（天草）天草で宗門改め絵踏始まる。島原天草一揆後、幕府直轄の天領に

４　潜伏・崩れ期

１６４４（正保元）	最後の神父・小西マンショ殉教
１６５７（明暦３）	大村藩、郡崩れ。６０３人を召捕り、翌年４１１人を斬首
１６６０（万治３）	豊後崩れ（～82年）。61（寛文元）年、濃尾崩れ
１６６３（寛文３）	幕府、武家諸法度改定。キリシタン禁制を条文化
１６６５（寛文５）	幕府、諸藩・代官所に宗門改役の設置を令達
１６７１（寛文11）	幕府、代官に宗門人別改帳の作成を布達
１６８２（元和２）	諸国にキリシタン禁制の高札を建てる
１６８７（貞享４）	キリシタン類族令を布達
１７７６（安永５）	幕府、諸国に宗門人別改帳の寺社奉行への提出を布令
１７９０（寛政２）	浦上一番崩れ。42年、二番崩れ。56年、三番崩れ。67年、四番崩れへ
１８０４（文化元）	（天草）天草崩れ。４カ村で５０００余名取調べ。のち異宗徒として終息
１８０５（文化２）	（天草）下島西海岸に潜伏キリシタン発覚
１８１２（文化９）	（天草）今泉村で浄土真宗がらみの異宗事件。21人の百姓を摘発
１８５７（安政４）	長崎奉行、絵踏制廃止を幕府に建白、翌年廃止

1865（元治2）	浦上キリシタン、プティジャン神父に信仰表明（潜伏キリシタン発見） （天草）﨑津村隠れキリシタン、浦上信徒の勧めにより復活の兆し見せる
1868（明治元）	明治新政府、切支丹宗門禁止令布告。浦上キリシタンの一部を配流
1872（明治5）	米国大統領グラント、岩倉使節に信仰の自由と宗教への寛容を勧告
1874（明治6）	キリシタン禁制の高札を撤去 （天草）大江村の潜伏キリシタンが復活の動きを始める

出所：H・チースリク監修、太田淑子編『日本史小百科　キリシタン』、北野典夫『天草キリシタン史』、今村義孝『近世初期天草キリシタン考』に基づき、筆者作成。

著者

濱田 信夫（はまだ のぶお）

長崎県生まれ。大阪府立北野高校、神戸大学経営学部を経て、1970年、川崎製鉄㈱入社。2004年、法政大学大学院社会科学研究科博士後期課程修了。博士（経営学）。同年、九州ルーテル学院大学人文学部教授。現在、同大学名誉教授。
主要著書：『ケース・スタディー　日本の企業家史』（分担執筆、文眞堂、2002年）、『ケース・スタディー　戦後日本の企業家活動』（分担執筆、文眞堂、2004年）、『革新の企業家史―戦後鉄鋼業の復興と西山弥太郎』（単著、白桃書房、2005年）、『ケース・スタディー　日本の企業家群像』（分担執筆、文眞堂、2008年）、『企業家に学ぶ日本経営史』（分担執筆、有斐閣、2011年）、『ケースブック　日本の企業家』（分担執筆、有斐閣、2013年）、『企業家活動からみた日本の物づくり経営史』（分担執筆、文眞堂、2014年）、『評伝 西山弥太郎―天皇と呼ばれた男』（単著、文眞堂、2020年）

迫害された宗教的マイノリティの歴史
――隠れユダヤ教徒と隠れキリシタン――

2022年12月22日　第1刷発行

著 者
濱田《はまだ》 信夫《のぶお》

発行所
㈱芙蓉書房出版
（代表 平澤公裕）
〒113-0033東京都文京区本郷3-3-13
TEL 03-3813-4466　FAX 03-3813-4615
http://www.fuyoshobo.co.jp

印刷・製本／モリモト印刷

ISBN978-4-8295-0851-0